여행가의 동물수첩

여행가의 동물수첩

인생에 꼭 한 번,
카피바라와
사막여우에게 말 걸기

박성호 지음

몽스북
mons

CONTENTS

Prologue 길 위에서 만난 동물들   8

여행가라는 직업   14
✦ 노르웨이 브로스메틴덴 산봉우리 — 순록

먹이를 노리는 피리 소리   34
✦ 모로코 마라케시 제마 엘프나 광장 — 코브라

어른은 자라서도 아이가 될 때가 있다   48
✦ 이집트 서부 사하라 사막 지대 — 사막여우

침묵이 타오르는 하얀 평원   62
✦ 아이슬란드 스나이펠스네스 반도 — 아이슬란드 토종말

날개 없이 날다   76
✦ 벨리즈 키코커 아일랜드 — 매너티

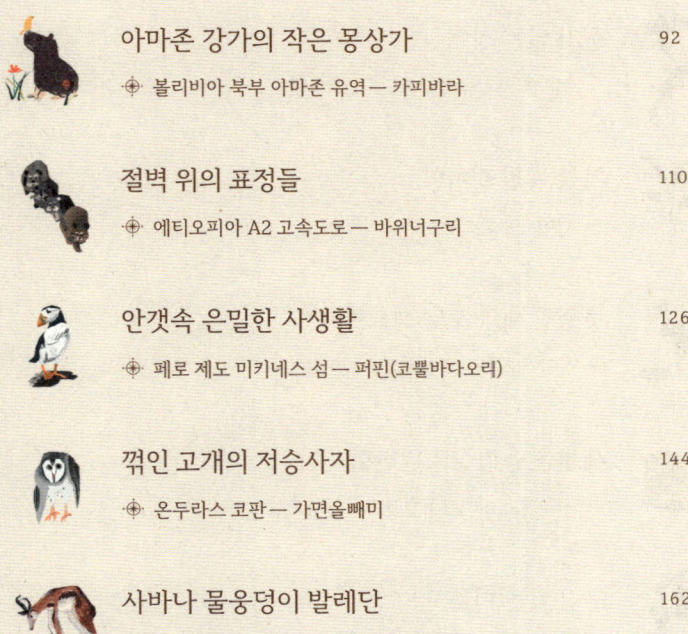

아마존 강가의 작은 몽상가 92
◈ 볼리비아 북부 아마존 유역 — 카피바라

절벽 위의 표정들 110
◈ 에티오피아 A2 고속도로 — 바위너구리

안갯속 은밀한 사생활 126
◈ 페로 제도 미키네스 섬 — 퍼핀(코뿔바다오리)

꺾인 고개의 저승사자 144
◈ 온두라스 코판 — 가면올빼미

사바나 물웅덩이 발레단 162
◈ 나미비아 오카우쿠에조 캠핑장 — 스프링복

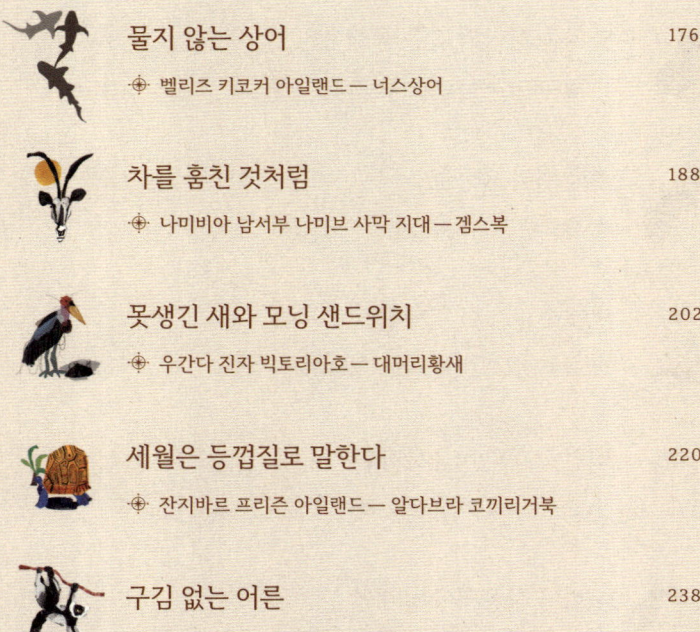

물지 않는 상어   176
✣ 벨리즈 키코커 아일랜드 — 너스상어

차를 훔친 것처럼   188
✣ 나미비아 남서부 나미브 사막 지대 — 겜스복

못생긴 새와 모닝 샌드위치   202
✣ 우간다 진자 빅토리아호 — 대머리황새

세월은 등껍질로 말한다   220
✣ 잔지바르 프리즌 아일랜드 — 알다브라 코끼리거북

구김 없는 어른   238
✣ 마다가스카르 안다시베 국립공원 — 리머(여우원숭이)

 **무엇에도 얽매이지 않는**   254
        ◈ 페루 콜카 캐니언 — 안데스 콘도르

Epilogue   희망은 너구리처럼 튀어나온다   274

Bonus Track   버릇없는 궁둥이   279

PROLOGUE

길 위에서 만난 동물들

어쩌다 보니 동물과 함께 자랐고, 함께 살아왔다. 유년 시절 기억부터 지금까지, 집에 동물이 없던 적은 없다.

나는 사람은 대하기 어려워도 동물이 어렵다는 생각은 하지 않았다. 태생적으로 쑥스러움 많은 성격이지만, 동물 앞에서는 '나를 어떻게 생각할까?' 걱정할 필요가 없으니까. 그만큼 같이 있는 게 자연스러웠고 편했다.

어릴 적엔 강아지를 너덧 마리씩 풀어놓고 지낸 적도 있다. 나는 호기심 많은 구경꾼이었고, 마당은 녀석들의 놀이터였다. 그곳에서 동생 같던 녀석이 새끼를 낳고 어미가 되는 것도, 이제 갓 눈 뜬 애들이 성장하는 것도 여러 번 지켜봤다. 포도씨처럼 작고 둥글던 이빨은 금세 날카로워졌다.

눈앞에서 떠나보낸 기억도 제법 된다. 세상엔 사람 힘으로 어쩔 수 없는 일도 있다는 걸, 그때마다 배웠다. 처음엔 한없이 힘들고 슬펐는데 차차 담담히 받아들일 수 있게 됐다. 익숙해진다는 건 원래 그렇게 무정한 건가?

그래도 문득문득 생각이 난다. 나의 어린 시절 풍경과 맞물려 토막토막 떠오른다.

동물이 어떤 생각을 하고 사는지는 모른다. 안다고 말하는 건 거짓말이다. 그러나 적어도 생각을 하고 산다는 건 알 수 있는데, 그건 동물과 아주 잠깐의 시간만 보내봐도 공감할 것이다.

나는 크면서 자연스레 동물도 제각기 성격이 다르다는 걸 알게 되었다. 동물 역시 타고난 심성이며 행동거지가 각양각색이다. 툭하면 시비 거는 싸움꾼이 있는가 하면, 선량한 평화주의자도 있고, 낭만적인 로맨티스트, 약삭빠른 꾀돌이 등등 다양한 스타일이 있다.

물론 때로는 동물은 오직 자연 법칙에 따라 정해진 대로만 움직이는 것처럼 보이기도 한다. 배가 고프면 낑낑거리고, 낯선 소리에 눈이 휘

둥그레지고. 겉으로만 슬쩍 보기엔 동물마다 큰 차이를 느끼기 어렵다.

하지만 사람은 관심을 통해 보이는 것 너머를 볼 수 있다. 세상에 똑같은 동물은 없다. 언뜻 보기엔 비슷해 보이는 녀석들도 자세히 지켜보다 보면 하나하나가 얼마나 다르고 유일한 생명체인지 알 수 있게 된다. 가까이서 애정을 갖고 들여다볼수록, 누구도 녀석을 대체할 수 없다는 생각에 왠지 서글픈 마음이 들기도 한다.

여행을 하며 수없이 많은 동물을 만났다. 하나같이 특색 있고 흥미로운 녀석들이었다. 이름부터 매력적인 카피바라, 매너티, 사막여우 등등.

이 책은 지구 곳곳에서 녀석들과 마주쳤던 기억을 한데 모은 것이다. 대부분 여행기가 그렇듯 허풍과 자랑 섞인 시시콜콜한 이야기다. 동물에 대한 자세한 설명보다는, 마주친 순간 흘러가던 찰나의 분위기, 마음속에 일어났던 그때의 감정을 담았다.

길 위에서 야생의 동물을 만나는 순간은 언제나 신비로운 선물이었다. 벌름거리는 코와 몽톡한 꼬리, 초롱초롱한 눈망울. 나는 아닌 게 아니라 정말로, 옆에서 가만히 보고만 있어도 즐거웠다. 게다가 이국적인 풍경과 날씨, 현실에서 멀어진 여행이라는 상황이 합쳐지다 보니 더욱더 꿈처럼 느낄 수 있었다.

시간이 흐를수록 그때의 기억은 점점 더 알록달록한 색으로 덧칠해져 지금은 인생의 동화 같은 장면들로 남았다. 아마도 이런 게 동물을 좋아하는 사람들이 누릴 수 있는 가장 큰 행복 아닐까?

동물은 사람의 어릴 적 상상력과 호기심을 끄집어내면서, 그때의 때묻지 않은 마음까지도 발견하게 해준다. 지금의 뾰족하고 날 선 부분은 보이지 않는.

머릿속을 괴롭히는 것이 많아질수록 이런 발견은 어찌나 소중한 것인지. 세상인심 따라 영악하게 살다 보면 종종 메마르고 까칠한 내가 되곤 하지만, 동물을 마주할 때면 생각이 한결 단순해진다. 마치 마음속 어린아이가 깨어나는 느낌이다. 그래도 세상을 한 움큼 더 맑고 포근하게 느꼈던 어린아이가.

나는 지금의 나도 좋지만 어린 시절의 나를 그리워하기 때문에, 그때와 닮아 있는 마음을 발견하게 되면 무척이나 반갑고 다행인 기분이 든다.

그러니 이 책을 읽게 될 사람들 역시, 그렇게 느꼈으면 좋겠다.

앞으로 펼쳐질 동물 이야기가 복잡한 현실의 이야기가 아니라, 차라리 꿈같은 상상 속 이야기인 것처럼. 정말로 복슬복슬한 동물이 눈앞에 나타나 한껏 어리광이라도 부리는 것처럼. 그래서 모처럼 동심으로 돌아가 '내게도 아직 어린아이 같은 마음이 있구나.' 하고 뿌듯해하는 거다. 이런 마음을 철없고 유치하게 여기기보다는 나이가 들어도 고이 간직하고 싶다는 생각을 품는 거다.

그런 귀여운 사람들이 가득할 세상을 떠올리면 어쩐지 가뜩 살맛이 난다.

2025년 여름
박성호

여행가라는 직업

노르웨이 브로스메틴덴 산봉우리

'…… 붙어라. 제발, 이번엔 좀 붙어라.'

젖은 라이터를 손에 쥔 채 텐트 앞에 쪼그리고 앉아 속으로 수없이 되뇌었다.

"딸깍, 딸깍, 딸깍."

그러나 불꽃은 매번 허공에서 작은 스파크만 흩뿌리고 사라질 뿐이었다.

커피포트 속 찬물은 그대로였고, 나는 잠깐 멈췄다가 다시 라이터 켜기를 반복했다. 어느새 입술 끝이 파르르 떨리고 있었다.

이곳은 노르웨이를 대표하는 자연, 피오르fjord. 바다가 절벽 사이를 깊숙이 파고들어, 마치 땅을 가른 상처처럼 이어진 지형이다. 나는

{ 순록 }
북극권 툰드라 지역에 서식하는 대형 사슴과 동물. 지구상에서 가장 장거리 이동을 하는 육상 동물이며, 넙적한 발이 눈 위에서 미끄러지지 않게 도와준다. 산타클로스의 썰매를 끈다는 이미지 덕분에 친숙하지만, 실제로 마주하면 그 크기와 위용에 놀라게 된다.

어젯밤, 이 절벽 아래 해변에서 텐트를 치고 잤다. 하지만 캠핑장은 아니다. 지도를 아무리 확대해도 글씨 하나 보이지 않는, 이름 모를 오지다.

애초에 계획된 일은 아니었다. 어제의 나는 차를 몰고 계속해서 북쪽으로 달리고 있었다. 북위 69도, 지구 최북단에 자리한 도시 중 하나인 노르웨이 트롬쇠Tromsø에서부터 떠나온 길이었다. 그렇게 한참을 달리다 피오르의 근사한 풍경에 홀린 듯 멈춰 섰다. 흑요석처럼 빛나는 검푸른 바다와 양옆의 깎아지른 절벽이 세상의 전부인 풍경이었다. 그 군더더기 하나 없는 깔끔한 느낌이 좋아 자연스레 텐트를 펼치게 됐다.

노르웨이 사람들은 전통적으로 이걸 '배회할 권리'라 부른다. 모든 사람이 자연 어디든 자유롭게 발 디딜 권리. 누구의 허락 없이도 자연에서 텐트를 치고 잘 수 있는 권리. 이건 실제로 노르웨이 야외활동법에도 명시되어 있다. 쓰레기를 버리지 않는 등 몇 가지 기본 규칙만 지키면 비록 사유지라 해도 마음대로 자연에 머물 수 있다. 심지어 산에서 야생 베리를 따거나 호수에서 수영을 해도 괜찮다. 노르웨이가 유럽에서 가장 인기 있는 '야생 캠핑 국가'가 된 이유다.

그래서 나도 그 권리에 따라 바다를 앞에 두고 느긋하게 모닝커피를 끓여 마시려 했다. 작은 커피포트를 고형 연료 위에 올리고, 라이터로 '탁' 하고 불을 붙여서. 그런데 날씨가 이렇게 고집을 부릴 줄은 몰랐다.

비는 거의 그쳤지만 온 세상이 축축했다. 텐트 천이 바람에 나부끼며 훌쩍훌쩍, 가냘픈 종이처럼 울었다. 시간이 한 삼십 분쯤 흘렀을까. 나는 여전히 오른손으로 라이터를 꽉 쥐고, 왼손으로 축축이 젖은 머리카락을 쓸어 넘겼다. 입에서는 하얀 입김이 연신 새어 나왔다.

"딸깍, 딸깍……"

평소 같았으면 '모닝커피고 뭐고 그냥 드러누워 풍경이나 보자.' 하고 진즉 포기했을 상황. 그러나 나는 어떻게든 불을 붙이기 위해 입을 삐죽 내밀고 젖은 라이터에만 몰두했다. 그래야만 이 장면이 아름다운 경치와 어우러져 깔끔히 완성되니까.

그게 내 목적이었다. 나는 지금 '텐트에서 나와 지그시 바다를 바라보며 따듯한 커피로 아침을 깨우는' 멋스러운 여행자여야 했다. 아니 정확히는, '그렇게 보여야 하는' 직업의 사람이었다. 저 멀리 튼튼한 삼각대에 고정된 카메라, 짐벌에 달려 움직이는 카메라, 텐트에 설치해 놓은 액션 캠까지. 서로 다른 각도의 카메라들이 이런 애쓰는 나를 구석구석 찍고 있었으니까.

"작가님 이제……, 그만하셔도 될 것 같아요."

카메라 뒤편에서 들려온 힘 빠진 목소리에 비로소 딸깍거리기를 멈췄다.

그제야 손끝으로 얼얼한 감각이 스멀스멀 올라왔다.

그러니까 나는, 어찌 보면 일을 하고 있었다. 한국의 한 여행 다큐멘터리 프로그램의 출연자로서. 노르웨이 남쪽 베르겐Bergen에서 시작해 북쪽 트롬쇠까지, 그야말로 스칸디나비아 반도를 종단하며 한 달째 촬영을 해오고 있던 것이다.

언젠가 섭외 연락을 받았을 때를 기억한다. 그때 나는 조지아 산골 마을에서 캠핑을 하고 있었는데, 전화기 너머로 방송 작가님이 이렇게 말씀하셨다.

"이번엔 일주일간 고등어잡이 배 타셔야 해요. 멀미…… 괜찮으시죠?"

나는 속으로 생각했다.

'지난 아프리카 촬영 땐 어깨에 참치를 짊어지고 뛰었는데, 이번엔 고등어구나.'

순간 머릿속에는 펄떡이는 고등어가 내 뺨을 후려치는 장면이 그려졌다.

그래서 시작부터 적잖이 각오하고 왔는데, 다행히 기진맥진하며 고등어를 끌어 올릴 일은 없었다. 노르웨이의 고등어잡이 배는 대부분 작업이 자동화되어 있기 때문이다. 머리 위에서 금속 부딪치는 소리가 몇 번 들리고 나면 그물에서 고등어가 은빛 폭포처럼 쏟아져 내렸다. 시설도 참 으리으리했다. 정말 호화 크루즈 못지않을 정도로. 헬스장부터 영화관까지 없는 게 없어서 '이렇게 호강해도 되나?' 싶을 만큼 일주일을 잘 보냈다.

물론 이번 촬영에도 우여곡절은 많았다. 노르웨이 날씨가 워낙 혹독하고 변화무쌍한 데다 웅장한 자연을 다루는 콘셉트다 보니 몸이 고생하는 일이 많았다. 맨몸으로 차가운 강을 건너고, 빙하 동굴에 기어오르고 하면서. 그나마 제일 쉬운 촬영이 바다 위 연어 양식장에서 사료를 뿌리는 일이었다고 할까.

무엇보다 한 달 안에 45분 다큐멘터리 네 편을 찍는 건 정신없이 부지런히 움직여야 가능한 일이다. 평소라면 두세 달에 걸쳐야 할 여행 계획을 한 달 만에 후루룩 잔치국수 마시듯 끝내 버린다.

그러나 고백하건대, 나는 아무리 피곤한 순간에도 이것을 '하기 싫은 일'이라 생각해 본 적 없다. 이유야 나는 원래 여행을 하는 사람이고, 여행은 원래 고생을 동반하는 일이니까. 오히려 '살다 보니 이런 경험도 하는구나, 역시 세상 오래 살고 볼 일이야.' 싶을 때가 많다.

그만큼 여행을 직업 삼아 살다 보면 평생 쉽게 하지 못할 경험을 일 덕분에 하게 된다. 예컨대 광산 갱도로 내려가 사파이어 원석을 캐거나, 나무 위에 사는 사바나 원주민과 활 한 자루 들고 사냥에 나서거나.

어차피 한 번 사는 인생인데, 이렇게나마 다양한 모습으로 살아볼 수 있어 참 감사한 일이다.

비가 조금씩 잦아들자 서둘러 텐트를 걷었다. 젖은 장비들을 수건으로 돌돌 말아 가방에 눌러 담고, 차 트렁크에 실으며 떠날 준비를 했다.

다음 목적지는 이곳에서 가장 가까운 북쪽 땅끝, 브로스메틴덴Brosmetinden 산. 일정표에 적혀 있던 곳은 아니었다. 실은 어젯밤, 급하게 지도를 펼쳐 찾아낸 곳이다. 무작정 끝으로만 가면 '짠' 하고 북극해가 펼쳐질 테니, 아무리 날씨가 흐려도 훌륭한 그림이 나오겠다 싶어서.

만약 그곳에서 무언가 방송 아이템을 찾아야 한다면 고민이 많았겠지만, 이번만큼은 그럴 필요가 없었다. 이제 마지막, 단 하나의 장면만을 남겨두고 있었으니까. 한 달에 걸친 노르웨이 대장정을 마무리 짓는 최후의 엔딩 장면이다. 그래서인지 여느 때보다 긴장이 됐다. 다른 게 아니라 '멘트' 때문이었다. 차에 오르며 피디님도 슬쩍 무게추를 더했다.

"가시면서 엔딩 때 할 멘트 생각해 보세요."

나는 창문에 흘러내리는 물방울을 바라보며, 머릿속에 천천히 단어를 조립해 보기 시작했다.

지난 한 달 동안 내가 매일 아침 일어나 하던 것은 그날 촬영지에 대해 공부하는 일이었다. 관련된 정보나 역사, 전설 같은 것들. 그러고 나선 쓸 만한 멘트를 노트에다 차곡차곡 정리해 두었다.

'노르웨이에는 트롤과 관련된 지명이 많습니다. 트롤은 노르웨이 민담에 등장하는 괴물인데……'

이런 식으로, 현장에서 적당한 타이밍이 왔을 때 '이때다!' 하고 꺼낼 수 있도록. 이건 생각보다 중요한 일이다. 아무래도 아는 게 부족하다 보면 '와, 멋있다. 끝내주네요.' 하는 감탄사밖에 할 말이 없기 때문이다.

나는 원체 리액션에 약한 사람이라, 차라리 이렇게 공부를 열심히 해두는 편이 마음 편하다. 아는 걸 설명할 땐 그나마 자연스러워진다고 해야 할까. 그래야만 카메라 앞에서 그럭저럭 자신 있는 얼굴을 할 수도 있는 것이고.

물론 아무리 열심히 준비한다 해도 말로 내뱉는 것이 기록으로 남는다는 건 어지간히 긴장되는 일이다. 말을 길게 내뱉다 보면 나도 모르게 엉뚱한 소리를 하게 될 때가 너무나도 많다. 어휘력 부족, 배고픔, 체력 고갈, 침묵을 채우려는 강박. 뭐, 이런 갖가지 이유로.

그런 면에서 엔딩 멘트는 부담이 가장 크다. 여러모로 진지하게 고민해야 하는 부분이 많아서 그렇다. 지난 한 달간의 소회는 필수로 담아야 하고, 약간의 희망이 느껴지면서 어느 정도 여운도 남겨야 할 것이고. 사실 일주일 전부터 미리 다듬었던 엔딩 멘트가 있긴 했다. 문제는 쓸 수 없게 됐다는 것. 그 공들인 멘트는, 준비물로 오로라가 물결치는 밤하늘이 필요했기 때문이다.

원래 이번 노르웨이 촬영의 대미는 오로라였다. 그래서 오로라를 만나기 쉬운 북쪽 트롬쇠까지 온 것이었고, 그 황홀한 초록빛 불길 아래에서 이번 여행의 끝을 장식하려 했다. 노르웨이에서 이보다 낭만적인 엔딩이 어디 있을까.

하지만 자연은 인간의 시나리오 따위엔 관심이 없는 것 같다. 트롬쇠에 도착한 날부터 하루도 빠짐없이, 하늘은 빈틈없이 빽빽한 구름에 덮여 있었다. 귀국 날짜가 다가올수록 '혹시 오늘은?' 하며 눈을 떴지만, 돌아오는 건 점점 체념에 가까운 한숨뿐이었다. 결국 궁여지책으로 플랜 B의 땅끝으로 향하게 된 것이다.

미리 창문을 캔버스 삼아 마지막 장면을 상상해 봤다. 16:9 비율 화면은 정확히 반으로 나뉜다. 절반은 넘실거리는 북극의 바다, 절반은 웅장한 자태의 브로스메틴덴 산. 그 숨 막히는 자연 한가운데, 거대한 절벽 하나가 우뚝 솟아 있다. 바다와 하늘과 땅이 만나는 지점. 나는 아마 그 끝자락까지 다가가 양팔을 활짝 펴고 <타이타닉>의 한 장면 같은 포즈를 취하겠지. 그러면서 무척이나 감동한 표정. 턱이 빠질 듯 입이 다물어지지 않고, 몸은 바람에 살짝 기울어 있고, 외투 끝자락은 정신없이 바람결에 휘날리면서. 그렇게 드론까지 띄워 감상을 마치고 나면 카메라를 향해 돌아서서 잔뜩 흥분한 목소리로 외치는 거다.

"바로 이 바다 너머에 북극점이 있습니다! 지구 모든 대륙이 한 점으로 모이는, 세상의 끝이자 모험의 시작점이죠!"

"...... 컷."

어딘가 아쉬웠다. 엔딩 장면치고는 임팩트가 부족한 느낌. 솔직히 그렇게까지 감동할 수 있을지, 그게 제일 걱정이었다. 연기력으로 커버하기엔 딱히 재능 있는 사람도 아니고.

그렇게 고민하는 사이, 차는 굽이굽이 이어진 해안선을 따라 북쪽으로 달려 나갔다. 창밖으로 하얀 자작나무 숲이 물결쳤고, 하늘엔 여전히 묵직한 구름이 가득 깔려 있었다.

이윽고 브로스메틴덴 산에 도착했다. 비가 그친 대신 바람이 더욱 거세졌다.
"계속 저 방향으로 걸어가면 될 거예요."
현지 코디네이터가 손으로 멀리, 높고 평평한 지점을 가리켰다. 펜트하우스의 테라스 같은 근사한 공간이 보였다. 여기선 바다가 언덕에 가려 듬성듬성 보일 뿐이었지만, 저기까지 오르고 나면 수평선이 시원하게 펼쳐져 있을 것 같았다. 다행히 경사는 완만했고, 바람에 기운 풀들만이 그 위를 덮고 있었다.
차에서 내려 배낭 끈을 한 번 더 조였다. 렌즈에 묻은 빗방울 닦아내고, 양말도 두 개 겹쳐 신었다. 모든 채비를 마쳤다. 우리는 총 네 명이었다. 현지 코디와 담당 피디, 카메라 감독 그리고 출연자인 나. 한 명씩 줄 서서, 조용히 걸음을 내디뎠다.
생각만큼 쉬운 길은 아니었다. 땅은 축축하게 젖은 진창이었고, 키 작은 풀과 이끼, 검은 돌이 미끄러웠다. 걸음걸음 찰박이는 물소리가 공간을 가득 메웠다.

굳이 말을 주고받진 않았다. 하이킹을 즐기는 여행자 무리였다면 달랐겠지만, 우리는 이미 한 달째 촬영을 해오고 있었다. 이런 길은 수도 없이 걸었다. 또한 쓸데없는 행동을 삼가며 체력을 아껴두는 게 얼마나 중요한지 알고 있었다. 그래서 묵묵히, 앞사람 뒤꿈치만 바라보며 걸었다. 발걸음은 점점 무거워졌다. 옷이 한 번 젖었던 탓인지 몸속 깊이 냉기가 스며들었다. 북극에서 불어오는 바람은 파고들 듯 살을 에었고, 손끝 발끝 감각이 무뎌졌다. 목덜미를 타고 흐르던 땀마저 얼어붙을 것 같았다.

그런데 그때.

중간 언덕을 넘어서자 돌연 낯선 기척이 느껴졌다. 모두가 한순간 걸음을 멈췄고, 슬그머니 고개를 들었다.

거기, 우리보다 약간 높은 능선 위에 순록 떼가 있었다.

"쉿."

우리는 약속이라도 한 듯, 동시에 바짝 엎드렸다. 모두가 자신이 할 일을 알고 있었다. 카메라 감독님은 어깨에 메고 있던 삼각대를 내려 철커덕 다리를 펼쳤다. 현지 코디는 카메라 뒤 앵글 바깥으로 몸을 숨겼고, 나는 비스듬히 순록과 내가 함께 나오도록 자리를 잡았다.

곧 피디님이 짐벌에 달린 카메라를 켜고, 천천히 내 쪽으로 걸어왔다. 나는 낮고 작은 목소리로 말했다.

"지금, 절벽으로 향하는 길에 야생 순록을 만났습니다. 아직까지 저희를 눈치채지 못한 것 같군요."

엉금엉금, 순록 무리 옆으로 조금씩 다가갔다. 카메라가 함께 따라왔다.

가까이서 본 순록은 참으로 우아했다. 짙은 갈색의 맑은 눈동자, 윤기 나는 하얀 털엔 청초한 기운이 서려 있다. 다가갈수록 점차 거대한 덩치가 분위기를 압도했다. 더욱이 길들여지지 않았다는 야생의 느낌이, 어딘가 자유로운 보헤미안 기질을 풍기게 만들었다.

나는 문득, 살아 있는 생명 하나만으로도 전혀 다른 세상이 만들어질 수 있다는 것에 뼛속 깊이 감탄했다.

그리고 역시 압권은, 북극의 눈보라가 깎아낸 듯 정교한 조각품 같은 뿔.

"저 머리 위에 자란, 작은 나무 같은 뿔을 보세요. 매년 한 번씩 떨어지고 새로 나는, 화려한 순록의 뿔입니다."

나는 계속해서 카메라를 응시하며 말을 이어 나갔다.

"순록은 1년에 5,000킬로미터 가까이 이동합니다. 계절의 흐름에 따라 끊임없이 걷죠. 그렇게 늘 길 위에서 살아가는 여행가 같은 동물입니다."

멈추지 않았다. 화면에서 순록이 사라진 뒤에도 한참을 더 말했다. 우연히 야생 순록을 마주한 그 순간의 흥분이 무언가 설명하지 않고는 견딜 수 없게 만들었다. 숨죽인 현장. 바람만 휙 스쳐가는 그 언덕 위에서, 오로라를 대신할 행운의 선물을 만난 것 같았다.

한참 후 피디님이 살며시 카메라를 내려놓으며 말했다.

"작가님은 항상 동물 얘기할 때는 표정부터 다르네요."

다시 끝을 향해 걷기 시작했다.

모두의 발걸음이 눈에 띄게 빨라졌다. 뜻밖의 멋진 장면을 담아낸 덕분에 다들 안도하는 분위기였다. 이제는 발뒤꿈치 대신 앞으로 시선을 두고 걸었다. 여전히 누구 하나 말은 꺼내지 않았지만, 그래도 기분이 무척 산뜻하고 좋았다. 마지막이 가까워져서 그랬을까, 아니면 순록을 만난 기쁨 때문이었을까. 더 이상 옆에 있는 사람들이 카메라 감독, 현지 코디, 담당 피디로, 그러니까 그런 현실의 직업들로 보이지 않았다.

그보다 우리는 오랜 시간 함께 걸어온 숙련된 탐험가들 같았다. 이런저런 역경을 손발 맞춰 척척 이겨낸 사람들. 남극점과 북극점을 정복하러 가는 노르웨이의 위대한 모험가, 아문센이 이끄는 탐험대의 일원들 같았다. 그만큼 기세등등한 발걸음이었다. 지구의 끝을 향해 묵묵히 걸어가는 당찬 얼굴들을, 더 이상 바람과 추위는 막을 수 없었다.

그리고 마침내, 북극해로 향하는 대륙의 끝자리에 섰다. 거칠게 숨을 몰아쉬자 가슴이 두근거렸다. 눈앞에 펼쳐진 것은 오로지 하나의 수평선. 그뿐이었다. 하늘과 바다가 팽팽히 맞붙은 은빛 칼날. 지구상에 이보다 선명하고 아름답게 뻗은 선이 또 어디 있을까.

그런 생각을 하는 사이 상쾌한 바다 냄새가, 얼굴을 스치는 찬 바람이, 그 끝없이 이어진 풍경이 세상을 휘감듯 한 프레임 안에 담겼다.

나는 고개를 돌려 한결 차분한 말투로, 그러나 또렷하게 말했다.

"어쩌면 저는…… 여행가를 넘어, 모험가나 탐험가가 되고 싶은 걸지도 모르겠어요. 경이로운 자연에 도전하고, 새로운 길을 향해 겁 없이 나아가는 거죠. 오직 말뿐인 삶은, 아무것도 남기지 않는다고 믿으면서요."

마침 불어오는 바람이, 그 말을 바다 멀리 날려 보냈다.

"컷."

촬영이 끝났다. 언제나 그렇듯 시원섭섭한 기분이었지만, 그래도 하고 싶은 말을 해서 뿌듯했다.

나는 진심으로, 여행가라는 지금의 내 직업이 너무나도 좋다. 직접

내 눈과 귀로, 온몸으로 세상을 만끽하며 사는 삶이 더없이 행복하다. 예측할 수 없는 인생에 불확실성은 차고 넘치지간, 그러한 빈틈조차 기회로 느낄 수 있는 명랑한 삶이다.

물론 '세상에서 나의 쓸모는 무엇일까?' 고민하는 날도 많았다. 단순히 여행을 즐기는 것만으로는 떳떳이 직업이다 말할 수 없으니까. 그래서 지금은, 여행가로 사는 나의 직업적 소명을 멋대로 정의 내리고 살아간다. 내가 생각하는 여행가는, 결국 남에게 내 경험을 파는 사람이다. 가치 있는 이야기를 만들어서 누군가에게 들려주는 사람이다. 따라서 끊임없이 걷는 순록의 발굽을 마음속에 품고, 머물지 않음으로써 자신을 증명해야 하는 사람이다. 하지만 그것만으로는 부족하다.

나는 내 일이, 가보지 않은 바다 너머에 대한 동경을 심어주는 일이었으면 좋겠다. 어떻게 하면 공항에 가고 비행기를 탈 수 있는지 설명하는 것이 아니라, 주저하는 사람들을 움직이게 하는 일이었으면 좋겠다.

나 역시 내가 내 인생에서 가장 소중히 여기는 것은 여행하며 쌓아올린 경험들이 아니다. 그보다는 언젠가 위험을 무릅쓰고 시도했던 용기 있는 순간들이다.

그러니 앞으로도 늘, 호기심과 설렘이 두려움을 앞서는 사람이고 싶다. 어느 날 갑자기 나타난 강한 끌림에 지치지 않고 뛰어들 수 있도록.

귀국 후 한국. 노르웨이 수산협회에서 전화가 걸려 왔다.

"이번에 부산에서 여는 수산 세미나에 연사로 모시고 싶습니다. 혹시 노르웨이에서 고등어잡이 배를 탔던 이야기를 해주실 수 있을까요?"

나는 고민 없이 기차표를 끊었다.

얼마 전까지만 해도 비 내리는 오지에서 젖은 라이터와 사투를 벌이고 있었는데, 어느새 눈 감고 뜨니 바다가 보이는 근사한 호텔에서 마이크를 잡고 있다.

참, 재미난 인생이다.

언제 어디에서 무엇을 할지 모르는 삶은, 당첨될 것만 같은 복권을 손에 쥐고 사는 기분입니다. 실수로라도 긁지 않으려고 노력하며 삽니다.

먹이를 노리는 피리 소리
모로코 마라케시 제마 엘프나 광장

여행을 실감하게 만드는 것 중에는 이국적인 정취만 한 게 없다. 예컨대 라면 부스러기처럼 보이는 꼬부랑 간판 글씨나, 길거리 현지 음식에서 피어오르는 생소한 향수 냄새 따위. '내가 정말 떠나왔구나!' 하고 느끼게 해주는 것들이다.

사람은 참 신기하게도, 때론 익숙하지 않아서 기분이 좋아질 때가 있다. 그런 낯선 분위기가 일상에서 완전히 분리되었음을 대신 선언해 주는 기분이라고 할까?

'이제 마음 놓고 즐기셔도 됩니다. 더 이상 현실은 쫓아오지 못하니까요.' 하고 속삭여 주는 것처럼.

그런데 간혹 이 '이국적 느낌'이 도를 넘으면 나 자신이 더는 버티

{ 코브라 }
목의 양옆으로 펼쳐진 넓고 납작한 볏이 특징인 뱀. 치명적인 신경독을 가지고 있어, 한 번 무는 것만으로도 덩치 큰 동물도 죽일 수 있다. 아프리카의 일부 종은 독을 멀리 내뿜어 공격하기도 한다.

지 못하고 풍경 밖으로 쫓겨날 때가 있다. 낯선 분위기에 자연스럽게 녹아드는 것은 사실 꽤 어려운 일이니까.

새로운 건 늘 에너지를 쓰게 만든다. 그러다 소진되면 받아들이기를 포기할 수밖에 없다. 몇 발짝 멀찍이 떨어져서 재충전되기를 기다려야 하는 것이다. 여행에서 이런 일이 생기면 어찌나 아쉬운 것인지. 기껏 비싼 옷을 빌려 입고 무도회장에 들어섰는데, 어디에도 어울리지 못하고 구석에서 웰컴 드링크나 홀짝이는 꼴이다.

'낯선 세상은 범접할 수 없는 미지의 소용돌이로 범벅이구나.'

민망함에 변명 같은 혼잣말이나 늘어놓으면서. 뭐, 그것도 나름의 재미가 없다고 할 순 없지만.

언젠가 모로코 마라케시Marrakech를 여행하던 나는, 마침 그런 상황에 부닥친 적이 있다. 그곳은 단언컨대, 내게 '이국적'이라는 단어와 가장 동일시되는 곳이다. 본디 낙타를 끄는 사막의 상인들이 사하라 횡단을 준비하던 곳인데, 중심에 있는 '제마 엘프나Jemaa el-Fnaa 광장'의 풍경을 설명하자면 이렇다.

기하학적 아라베스크 타일이 깔린 광장은 거대하고 분주하다. '수크Souk'라고 불리는 이슬람 전통 시장이 주변을 네모나게 감싸고 있어서, 중심인 광장에는 언제나 사람들로 빽빽하게 차 있다. 길도 없이

어지러이 엉켜 있어 그야말로 아수라장이다. 건조하고 텁텁한 바람엔 모래 먼지가 가득한데, 빠져나가지 못하고 고여 있어 늘 낮게 깔린 누런 구름처럼 떠다닌다. 만약 신밧드나 알라딘 같은 아랍 모험담에 열광하는 자라면 만세를 부를 만하다. 금빛 모래 만세, 야자나무 만세, 요술램프 만세. 그곳의 사람들과 풍물들은 제각기 신비한 요기를 풍기고 있다. 주렁주렁 매달린 양탄자부터 야바위꾼, 악사, 불을 먹는 차력사, 이빨 장수 할 것 없이.

지구 대부분 현대 도시에서 유행하는 미학적 단순성은 찾아보기 힘들다. 아마 절제된 북유럽식 가구는 이곳에서 인기를 얻지 못할 것이다. 오히려 욕망과 열기의 폭발이다. 강렬한 색상과 현란한 무늬들이 제각각 뽐내며 떼를 쓰고 있다.

사람들은 또 어떠한가. 갓 잡혀 세숫대야 속에 던져진 빙어들만큼 혼란하다. 노점 수레와 좌판 사이를 쏘다니는 움직임에 일정한 규칙이 없어서, 제대로 정신을 차리지 않으면 욕을 먹기에 십상이다. 그야말로 동서남북 모두가 위험의 불천지. 항상 긴장해야 한다. 불도저 같은 마차가 채찍질하며 돌진하고, 도처에서 호객꾼들이 쉰 목소리의 외침을 퍼붓는다.

편안히 기대어 쉴 수 있는 곳은 없다. 모퉁이에선 꾀죄죄한 당나귀 무리가 건초 더미를 뜯고 있고, 오물 쌓인 구석엔 목에 놋쇠 종을 단

단봉낙타가 주르륵 앉아 있다.

    이렇게 오묘한 분위기와 사십 도를 웃도는 더위가 합쳐지니, 어째서인지 외설적인 느낌이 들기도 하는 곳이다.

    결국 나는 마구 분출하는 이국적 정취에 홀려 금세 지쳐버렸다. 타오르는 태양 아래 빛나는 황금 첨탑과 당혹스러운 총천연색의 향신료 더미, 마구 섞인 퀴퀴하고 원초적인 냄새, 잘려나간 낙타 머리, 음습한 김이 피어오르는 염소의 뇌, 양의 심장까지. 주변의 모든 것이 내 가여운 상상력을 자극하며 온몸의 기력을 빨아들였다.

    그래서 나는 대부분 시간을 광장 구석의 옥상 카페로 도피해 보냈다. 서늘한 천막 아래 가려진 자리에서, 철저히 관객이 되길 자청한 것이다.

    곧 콧수염을 기다랗게 기른 종업원이 다가왔다. 끝이 둥글게 말린 콧수염이 신기했지만 대놓고 쳐다볼 수는 없었다. '실례일까, 실례겠지……' 고민하다 보니.

    그는 한 손으로 주전자를 높이 쳐들고 은빛 쟁반에 놓인 작은 유리잔에 박하차를 따라 주었다. 나는 그것을 홀짝홀짝 마시고, 절인 올리브를 손으로 집어 먹으며 머릿속을 차츰 진정시켰다.

한동안 선선한 바람을 맞으니, 그제야 살 것 같았다. 은근히 기분도 좋았다. 저 밑 세상은 다들 바쁘고 급해 보이는데 나는 이토록 여유로우니 몹시 이득 보는 것만 같았다. 괜히 사막의 부호가 된 것 같은 기분이 들기도 하고.

여전히 활기찬 광장을 내려다보며 '결국 이 부산함은 돈을 중심으로 만들어지는 것이구나.' 하는 건방진 판단마저 했다. 그래도 장사하는 모습은 꽤 재밌는 구경거리인지라 다양하게 돈을 버는 모습을 구경했다.

약장수는 좌판 가득 정체 모를 약병을 늘어놓고 있었다. 장신구로 한껏 치장한 무용수는 움직일 때마다 짤랑짤랑 소리를 내며 관능적인 춤사위를 선보였다. 구릿빛 피부의 청년들은 즉석에서 오렌지를 갈아 건네고 있었고, 검은 천으로 얼굴을 가린 아주머니는 지나가는 여행객들 어깻죽지에 헤나를 그려주고 있었다. 한편 말뚝 위에서 억지로 재주넘기하는 원숭이는 어찌나 안쓰러워 보이던지.

그러나 가장 이목을 끈 것은 가부좌를 틀고 앉아 있는 할아버지였다. 그는 피리로 뱀을 부리고 있었는데, 세속을 초월한 도인다운 풍모부터 남달랐다. 하얗게 센 눈썹과 불에 탄 듯 거칠게 자란 수염, 충혈된 두 눈 위로 두른 거대한 황색 터번……. 필시 사하라 사막의 토착 유목민, 베르베르인이다.

할아버지가 불고 있는 피리 소리도 예사롭지 않았다. 묘하게 사람 마음을 끄는 구석이 있다고 할까? 구슬픈 가락에 인생의 우여곡절이 전부 담겨 있는 것만 같았다. 그리고 그 옆 바구니에서 허리를 세운 코브라는 그 소리에 맞춰 춤을 추었다. 만약 다른 동물이 그렇게 바구니에서 일어나 엉덩이를 흔들흔들한다면 생각만 해도 귀엽다. 덩실덩실 춤추는 햄스터라든지, 아니면 고슴도치라든가.

하지만 코브라의 춤은 귀여움과 정반대에 있다. 딱히 엉덩이라고 부를 부위도 없거니와 치명적인 독까지 품고 있기 때문이다. 목 양옆으로 활짝 펼친 넓고 납작한 볏은 무척이나 호전적으로 보인다. 그래서 계속 조마조마하며 지켜봤다. 할아버지를 노려보고 있는 녀석을 면밀히 주시하면서.

사실 나는 코브라 춤의 진실을 알고 있다. 청력이 좋지 않은 뱀은 정작 음악을 듣고 춤을 추는 것이 아니라 눈앞의 피리 움직임에 본능적인 방어 태세를 취할 뿐이라는 것을. 그런데 그래서 더 무서웠다. 혹시라도 뱀이 '뭐야, 이 몸을 앞에 두고 태연하게 피리나 불고 있다니. 그냥 콱 물어버릴까?' 하고 생각하면 어쩌나 싶어서.

하지만 할아버지는 코브라가 무슨 생각을 하는지 따위엔 전혀 관심이 없어 보였다. 아마 바빠서 그럴 여유가 없는 거겠지. 나는 어느

새 둥그런 모로코 빵을 두 개째 뜯어 먹으며, 할아버지가 반복적인 수법으로 돈을 버는 것을 몇 번이나 지켜보았다. 놀라운 사실. 할아버지는 단순히 뱀을 부리는 게 아니었다. 치밀하게 계획된 '사냥'을 하고 있었다.

피리는 뱀을 부리거나 지친 여행객을 달래기 위해 부는 도구가 아니었다. 단지 시선을 끄는 용도였다. 할아버지는 멀리서 여행객이 쳐다봐도 아무런 행동을 하지 않았다. 기다리고, 또 기다렸다. 그러나 그때, 누군가 사진을 찍으면 으라차차 활동 개시다. 황급히 바구니 뚜껑을 덮고(그때마다 뱀은 머리를 '콩' 박았다.) 불같이 화를 내며 달려들었다. "찍었으면 돈을 내놓아라." 벼락같은 고함을 내지르면서. 그야말로 나이답지 않은 전광석화 같은 움직임이었다. 심지어는 능숙하게 여행객의 디지털카메라 버튼을 조작해 찍은 사진을 확인하기까지 했다.

이국적 풍경에 취해 있던 순진한 여행자는, 언제든 싸울 준비가 되어 있는 '직업 암살자'를 이길 수 없다. 할아버지는 굉장한 프로였다. 먹잇감 지갑에서 지폐를 빼내기까지 모든 과정이 일사천리로 진행됐다. 그리고 더 놀라운 건, 그토록 치열한 감정싸움을 벌이고도 지치는 기색 하나 없었다는 것. 곧바로 자세를 잡고 앉아 다시 피리를 불면서, 야심이 번들거리는 눈동자를 요리조리 굴렸다. 마치 살기 어린 레

이더가 돌아가는 모양새였다. 그러니 코브라가 옆에서 입맛을 다시든 말든 할아버지에겐 안중에도 없다. 명색이 코끼리도 죽일 수 있는 맹독을 지닌 코브라인데, 체면이 영 말이 아니다.

    나는 영장류의 근원적 공포마저 우습게 덮어버린 할아버지 눈을 보면서 '역시 인간은 대단해.' 하고 생각했다.

    그렇지만 아무리 그래도 희생자들이 불쌍한 건 어쩔 수 없다. 마음에 스멀스멀 한 가닥 동정심이 일었다. '여행 와서 이게 무슨 날벼락이람.' 쯧쯧, 혀를 차면서. 그들이 구원받을 가치 없는 극악무도한 인간도 아닐 테고, 정말이지 너무 가혹하다. 대부분은 기습적인 호통에 바들바들 떨며 관용을 바랐다. 절절매며 무조건 잘못했다고 빌었다. 아마 할아버지는 그런 초식 동물 같은 사람들만 포착하는 재주가 있나 보다.

    나는 한껏 주눅 든 그들의 눈에서 이해할 수 없는 현실과 마주한 가냘픈 인간의 모습을 보았다. 냉혹한 코브라 같은 할아버지에게는 씨알도 먹히지 않았지만 말이다. 이러나저러나 그들은 접시에 보기 좋게 차려진 검붉은 고깃덩이에 불과해 보였다.

    또다시 가련한 희생자들이 광장에 줄을 지어 입장했다. 목에는 카메라가 걸려 있었고, 가방끈에는 여행사에서 나눠준 듯한 알록달록 인식표가 달려 있었다. 닥쳐올 미래를 알 리 없는 그들은 이국적 분위기에 취해 해롱해롱하다가, 신비한 피리 소리에 이끌려 고개를 돌렸다. 어쩌면 그 피리 소리엔 사막 유목민에게만 대대로 전해 내려오는 고대 주술이 걸려 있는지도 모른다.

그렇게 누군가 저도 모르게 셔터를 눌렀다. 노련한 사냥꾼은 절대 기회를 놓치지 않는다. 똬리를 틀고 있던 할아버지는 허리를 곧추세웠다. 갈라진 혀를 날름거리며 쉭쉭 소리를 냈다. 그러다 눈 깜짝할 새 먹이의 몸을 친친 감아 연약한 목을 콱 물고, 혈관 가득 뜨거운 독을 내뿜었다.

아아, 약육강식의 세계란 정말 무섭기도 하지.

처음 만난 세상에 마음을 열었더니

세상은 지갑이나 열라고 할 때가 있습니다.

현금은 꼭 여기저기 나눠서 들고 다닙시다.

어른은 자라서도
아이가 될 때가 있다

✦ 이집트 서부 사하라 사막 지대

사람들은 흔히 '사막'이라고 하면 탐스러운 오렌지빛 모래 언덕을 떠올리겠지만, 세상에는 하얀 사막도 있다. 끝없이 펼쳐진 깨끗한 백사장 같다. 때로는 너무 희어서 섬광처럼 눈이 시리다.

그런 사막은 미국 뉴멕시코주 남부에도 있고, 에티오피아 북쪽 고원에도, 볼리비아 우유니에도 있다. 하나같이 곱고 아름다운 곳이다.

언젠가 나는 이집트 사하라의 하얀 사막에서 하루를 묵은 적도 있다. 무수히 쏟아지는 별빛 아래, 흔들리는 모닥불을 피워 놓고. 퍽 낭만적인 밤이었다.

해 진 뒤 사막에서 지어 먹는 밥은 왜 그리 맛있는 것인지. 모래를 끌어모아 가운데를 파내 작은 화로를 만들었다. 그러고는 위에 석쇠

{ 사막여우 }
북아프리카 사막에서만 서식하는 소형 여우. 모든 갯과 동물을 통틀어 체구가 가장 작다. 머리에 비해 대단히 크고 얇은 귀를 갖고 있는데, 고온의 사막 기후에서 열을 효과적으로 배출하기 위해서다. 경계심이 많고 예민한 성격이라 쉽게 스트레스를 받는다.

를 올려 닭고기를 지글지글 굽는다. 속이 완벽히 익을 때까지 한참을 기다리다가, 라임즙을 적당히 뿌리고 소금, 후춧가루를 살짝 쳤다.

반찬은 오이, 양배추, 당근을 절여서 만든 중동식 피클, '토르시'. 그리고 흔히 '걸레빵'이라 부르는 납작한 이집트 전통 빵 '에이쉬'뿐이지만, 이 정도면 만족이다. 분위기만 좋으면 그런 것쯤 대수롭지 않게 넘길 수 있는 긍정의 힘이 생긴다. 그저 불만 꺼뜨리지 않으면 된다. 버적버적 불꽃이 장작을 씹어 먹는 소리는, 사막에 유일하게 남은 소리다.

모닥불을 중심으로 붉은빛 작은 반구가 만들어지고, 반딧불이 같은 불티가 그 안에서 이리저리 날아다닌다. 반구 바깥으론 아무것도 보이지 않아서, 넓디넓던 세상이 오직 그 안에서만 존재하는 기분이다. 겨우 집 한 채보다 클까 말까 할 정도의 작은 별.

신기하지 않나? 그 작은 소행성 속의 나는 꽤 중요한 인물이 된다. 마음만 먹으면 세상의 유일한 빛도 꺼뜨릴 수 있는.

그러니 의자나 테이블이 없어도 무척이나 대접받는 기분이다.

밥을 다 먹고 난 뒤에는 그대로 벌러덩 드러누웠다. 푹신하고 시원한 모래의 촉감이 기분 좋았다. 하늘에선 은하수의 푸른빛이 조용히 출렁이고 있었다.

이럴 때마다 느끼는데, 하늘은 끊임없이 움직이고 있다. 단 삼십 초만 바라봐도 알 수 있다. 수두룩이 빽빽한 별들이 제각기 으스대며 반짝이고 있으면 정말로 물결치는 것처럼 보인다. 바람 부는 호수에 비친 밤하늘처럼, 부드럽게 일렁인다. 별똥별이 떨어지는 건 너무 흔해서 소원 비는 것조차 귀찮아진다.

문득 야광 별 스티커가 떠올랐다. 어릴 적 내 방 천장에 빼곡히 붙여 놓았던 야광 별 스티커. 요즘에도 그런 게 있는지는 모르겠는데, 내가 어릴 때는 그게 유행이었다. 잘 시간이 되면 나는 손전등을 들고 침대 위로 올라가 스티커에 빛을 쐬어 주곤 했다. 꽃밭에 물 주듯 정성스레 하나하나에. 그리고 형광등을 끄면 천장 가득 야광 별이 환히 빛났다. 두껍고 비싼 스티커일수록 더 밝게 빛났다.

어찌 됐건 어릴 적 천장처럼 근사한 밤이었다. 땅은 보이지 않고 별들만 밝게 빛나서 짙은 우주 속을 표류하는 유령선에 타고 있는 것만 같았다. 어디가 위고 아랜지 조금은 어지러웠다. 어쩌면 차가운 모래 속에 꽂아 놓고 마신 맥주 때문인지도 모른다.

그래도 기분 좋은 어지러움이다. 차츰 의식이 몽롱해지는 와중에도 '언젠가 꼭 다시 와야지……' 다짐했다.

잠이 들기도 전에 꿈을 꾸는 것 같았다. 꿈을 꾸다 잠이 들었다.

다음 날 침낭 속에서 몸을 일으켰을 때, 불길은 사그라져 있었다.

재에 덮인 불씨만이 새근새근 잠들어 있었다.

나는 일출을 보기 위해 천막 뒤편의 바위를 기어올랐다. 마을버스 높이쯤 되는 커다란 바위였다. 엉거주춤한 자세로 숨을 헐떡이며 올라 정상에 무릎 꿇었다.

그리고 이내 해가 떠올랐다. 끝없는 지평선만 이어진 사막 한복판 위로. 나는 다급히 가방에서 카메라를 꺼내 들었다. 이제 막 고개를 내민 해는 생각보다 빠르게 떠오르니까. 렌즈 조리개를 바짝 조이며 서서히 초점을 맞춰갔다.

아름다운 광경이었다. 하얀 사막은 빛의 색감을 그대로 닮는다. 처음엔 세상이 온통 시뻘건 마그마에 잠겨버린 듯싶더니, 조금씩 분홍빛 포근한 세상이 피어났다. 누군가 실수로 파스텔핑크 물감을 엎질러 놓은 것 같은.

일출을 보고 나서는 다시 천막으로 돌아와 칫솔을 챙겼다. 여전히 잠이 덜 깬 채, 세상 귀찮은 걸음걸이로 양치하러 갔다. 쭈그리고 앉아 치약을 짜는데, 바위 뒤에서 부스럭부스럭 소리가 났다.

자칼인가 싶었다. 아프리카 평원에서 이른 아침에 먹이를 찾아 떠도는 자칼은 흔하다. 녀석은 다른 동물이 사냥해 먹고 남은 찌꺼기를 훔쳐 먹는 것을 업으로 삼은 놈인데, 생김새도 덩치도 늑대와 개의 중간쯤 된다. 다만 뾰족한 이목구비와 찢어진 눈 탓에 왠지 모르게 음흉

해 보이는 놈이기도 하다.

바위 뒤쪽에 어젯밤 썼던 접시를 모아둔 게 생각났다. 뭐라도 물어 가면 곤란할 테니, 나는 놈이 보이는 곳으로 돌아가 멀찌감치 지켜보기로 했다. 싸워서 이길 자신은 없지만, 멀리 쫓아내는 건 어렵지 않다. 그러나 그곳에 자칼은 없었다.

'세상에, 이럴 수가!'

나는 화들짝 놀라서 나도 모르게 바위 뒤로 숨어버렸다.

그곳엔 자칼과는 비교도 안 될 정도로 조그마한 동물이 찾아와 있었다. 『어린 왕자』에서나 보았던, '사막여우'였다. 그것도 무려 두 마리나! 나는 진심으로 거액의 복권이라도 당첨된 기분이었다. 펑펑, 마음속에 잭팟이 터졌다.

장담할 수 있는데, 사막여우는 우주에서 가장 귀여운 생명체다.

쫑긋한 큰 귀와 작고 오뚝한 코, 촉촉한 눈망울과 새하얀 배. 그리고 먹에 살짝 담갔다 뺀 붓처럼 생긴 꼬리, 만지지 않아도 느껴지는 부들부들한 털까지.

아아, 나는 귀여운 동물 앞에선 한없이 마음이 약해진다. 창가에 꺼내 둔 아이스크림처럼 마음이 사르르 녹아버린다. 귀여움을 느끼는 감정은 무엇보다 강력하다. 때론 질투와 증오도 훌쩍 뛰어넘는다.

사막여우도 자기가 귀여운 걸 알까? 아마도 모를 것이다. 모른다고 생각하니 더 귀엽다.

나는 이 작은 친구들을 도망치게 하고 싶지 않았다. 사막여우는 무척이나 겁이 많은 동물이니까. 그래서 멀찍이 쭈그리고 앉아 양치를 하며 지켜보았다. 지구 수십억 인구가 그날 아침 일어나서 양치를 했겠지만, 그날만큼은 내가 가장 행복한 양치질을 했을 것이다.

녀석들은 겁먹은 강아지처럼 끼깅 소리를 내며 울었다. 몸을 잔뜩 웅크린 채 고양이처럼 가르릉거리기도 했다. 그러다 서로 물고 밀치고 난리가 났다. 빙빙 돌며 쫓고 쫓겼다. 얼핏 보면 둘이 티격태격 싸우는 것처럼 보이지만, 나는 안다. 녀석들은 지금 자기들 방식으로 놀고 있다는 것을. 그 아웅다웅하는 모습이 사람을 감질나게 한다. 애간장을 다 태운다.

혹시 이건 아시는지? 작가이자 비행기 조종사였던 생텍쥐페리는 『어린 왕자』를 쓰기 전, 실제로 사막여우를 기른 적이 있다. 사하라 사막 요새에서 비행장 주임으로 지냈을 적 일인데, 한번은 누이동생에게 이런 내용을 적어 편지를 보내기도 했다.

"사막여우, 혹은 외로운 여우 한 마리를 키우고 있어.

이놈은 고양이보다도 작지만, 아주 큰 귀가 달려 있지.
얼마나 예쁜지 몰라. 하지만 유감스럽게도 이놈은
맹수와 같은 야생 동물이어서, 사자처럼 달려들어."

어떻게 편지만 읽어도 이렇게 흐뭇한 마음이 드는지.
나는 속으로 사막여우와 함께라면 아무리 험한 모래 폭풍도 헤쳐 나갈 수 있을 거라 생각했다.
마음만큼은 이미, 사막에 불시착한 조종사가 되어버렸다.

시간이 어떻게 가는 줄 몰랐다. 녀석들은 별것도 아닌 단순한 놀이에 전심전력을 다한다. 그 아기자기한 몸 어디에서 자꾸 힘이 솟아나는지, 이리저리 뛰어다니며 제 몸 하나 주체하지 못한다. 온몸의 털이 더러워지는 것도 신경 쓰지 않고 나뒹구는 것을 보면, 확실히 갯과 동물이 맞다.

이럴 때 보면, 동물은 사람보다 세상을 크고 진하게 느끼며 사는 것 같다. 자신이 느끼는 모든 욕망과 감정을 감추지 않고 열렬히 표현한다. 떼굴떼굴 잔디밭을 뒹굴거나, 발라당 드러누워 허공에 다리를 내젓고 하는 식으로.

어떻게 보면 참 단순한 생물이다. 자신의 본성을 그대로 구체화한 형태 같다. 나처럼 다 큰 인간이 똑같이 그러고 있으면 한심하고 철딱서니 없어 보일 텐데 말이다.

그래서 말인데, 귀여운 동물은 어떤 신성한 사명을 갖고 하늘에서 내려온 것만 같다. 가령 인간들 마음속의 어둠을 물리치기 위한 목적이라든지. 그렇게 다 큰 동물들이 서로를 깨물고 도망치고 유치하게 노는 것을 지켜보고 있으면 내 머릿속은 백지가 된다. 티끌 하나 없이 새하얀 백지.

아마 나만 그런 것도 아닐 거다. 우리 집만 봐도 그렇다. 가족 구성원 하나하나 전부 유별나고 까탈스러운 사람들인데, 동물과 놀고 있을 때만큼은 모두 착한 어린아이가 된다. 칠순 넘은 아빠는 때때로 열한 살 고양이 품속에 코를 묻는다.

이러니 동물을 좋아하지 않을 수 있나. 동물과 함께 있을 때, 나는 내가 원하는 나의 모습이 된다. 복잡했던 내가 지극히 단순했던 형태로 되돌아가는 기분이다. 탁한 마음속 불순물이 걸러지고 하면서.

나는 맑고 투명하게 살고 싶다. 투명하다는 것은 착한 것과는 또 다르다.

사람은 살다 보면 나빠질 수 있다. 누군가를 짜증 나게 할 수도, 어쩌면 상처 줄 수도 있다. 그러나 속이고 숨기면서까지 비겁하게 살고 싶지는 않다. 내가 생각하는 투명함은 그런 것이다. 무구한 동물처럼, 있는 그대로를 드러내며 사는 것.

바라건대 나는 다른 사람에게 선량한 사람이나 금욕주의자처럼 보이려고 애쓰며 살고 싶지 않다. 오해와 착각은 정말로 그렇게 행동하도록 강요할 뿐이니까. 그저 나 자신으로, 원래의 내 모습대로 솔직하고 진실하게 살고 싶다.

행복은 거짓 없이 깨끗한 마음에서 온다. 아무리 모난 마음도, 닳고 닳은 마음도 반질반질 닦아낼 수 있다. 귀여운 동물을 바라보거나 산뜻한 자연을 만끽하면서, 누군가의 친절에 웃음으로 답하면서.

어른은 모두 아이였다. 그리고 어른은 자라서도 아이가 될 때가 있다. 이따금 내가 그런 얼굴을 할 때, 세상이 얼마나 아름다운지 모른다.

천막을 접고 카이로를 향해 돌아가는 길, 거대한 석영 광물이 잔뜩 있는 벌판에 멈춰 섰다. 여기저기에 작은 석영 조각들이 흩뿌려져 있었다. 하얀 모래 위의 유리 가루처럼 반짝반짝 빛났다. 석영은 그다지 특별한 돌이 아니지만, 그중 유독 흠집 없이 무색투명한 것은 수정이라 부른다.

바닥을 살피고 걷다 가장 맑아 보이는 조각 하나를 집어 들었다. 불투명한 석영은 아름답지 않지만, 투명한 수정은 영원한 얼음 조각처럼 아름답다. 빛의 각도에 따라 총천연색 무지갯빛이 번쩍이며 나타나고, 그 속으로 투과해 보는 세상 역시 오색찬란하다.

신기한 일이다. 석영이나 수정이나 같은 돌인데, 속이 환히 비치는 투명함이 아름다움을 만든다. 그런 아름다움은 어쩐지 가냘픈 것이어서, 보는 사람으로 하여금 언제까지나 탁해지질 않기를, 순수함을 잃지 않기를 바라게 한다.

한참을 갖고 놀았다. 아무것도 없는 사막에서 엄청난 부자가 된 기분이었다. 주머니에 몇 개 숨겨 가지고 갈까 하다가, 그대로 사막에 되돌려 놓고 왔다.

『어린 왕자』에서 사막여우가 말했죠.

"가장 중요한 건 눈에 보이지 않아."

귀여운 동물의 말이니 새겨듣도록 합시다.

침묵이 타오르는 하얀 평원

✧ 아이슬란드 스나이펠스네스 반도

때때로 삶에는 비현실적인 것처럼 느껴지는 순간들이 있다.

예컨대 해나 달이 기이할 정도로 커다랗게 보이는 순간.

그런 낯선 순간에는 완전히 새로운 공간과 시간에 툭 던져진 기분이 든다. 어제와의 개연성이 와르르 무너져 내린다.

오로라를 찾아 떠났던 아이슬란드 여행에서의 마지막 날 아침. 그날 나는 작은 오두막집에서 깨어났다. 새하얗고 추운 겨울이었다.

밤새 단단히 얼어붙은 평원 위에서 온기를 잃지 않은 것은 오직 그 집 하나뿐이었다. 식은 화로 속에 살아남은 마지막 잿불 같은 집.

주변은 텅 비어 있었다. 시야를 방해하는 것도, 이름 붙일 만한 것도 없었다. 아득히 펼쳐진 평원엔 간신히 발목을 덮는 짧은 풀만 가득

{ 아이슬란드 토종말 }
아이슬란드에 처음 발을 디딘 바이킹 정착민이, 배에 태워 데려갔던 말의 후손들. 혹독한 기후에서 살아남기 위해 천 년이 넘는 시간 동안 독립적으로 진화했다. 일반적인 육지의 말보다 키와 덩치가 작고, 굵은 털이 이중으로 자란다.

자라 있었다.

　나는 슬슬 배가 고파 왔기에 이만 이불을 갰다. 새벽을 파고든 푸른빛이 방 안을 가득 메운 것으로 보아 곧 해가 떠오를 참이었다. 그러나 벽에 걸린 시계는 오전 대여섯 시를 가리키고 있지 않았다. 시간은 얼추 점심때로 다가서고 있었다.

　한겨울 아이슬란드의 하루는 늘 이런 식으로 시작한다. 결코 일반적이지 않은 늦은 시간에 해가 뜬다. 아예 뜨지 않는 날도 있다. 극단적으로 긴 밤, 극야라고 부른다. 좋은 점이라면 죄책감 없이 늦잠을 잘 수 있다는 것. 그리고 그렇게 늦게 일어나도 쉽게 일출을 볼 수 있다는 것. 불과 몇 시간 만에 다시 해가 진다는 건 아쉽기도 하지만, 그렇다고 툴툴댈 것까진 아니다.

　거실로 나와 냉장고 문을 열었다. 달걀이 남아 있어 두 개는 스크램블을 하고 나머지는 삶았다. 커피를 마실까 하다가, 더는 졸리지 않을 것 같아 양철 캔에 담겨 있던 코코아를 탔다. 두툼한 머그에 마시멜로 조각까지 듬뿍 넣어서. 실은 이쪽이, 겨울 오두막 공기에 더 잘 어울리는 것 같았다. 삐걱대는 흔들의자, 뜨개질 실과 바늘, 타닥타닥 타오르는 벽난로. 뭐, 그런 느낌의 아늑하고 정겨운 겨울 분위기.

　여기에 좋아하는 음악까지 틀어 놓으니 느낌이 한층 살았다. 이럴 땐 역시 지지직거리는 재즈나 올드 팝이 제격이다. 나는 혼자일 때도 분위기를 중요하게 여긴다. 그래야 현재를 느끼는 내 안의 감각이 불꽃처럼 활활 타오른다. 팔 기통 엔진도 깨우는 강력한 불꽃이다.

때마침 달그락 하고 토스트기에서 식빵이 튀어나왔다. 하나 집어 나이프로 버터를 바르는 사이, 어느새 고개를 너믄 황금빛 햇살이 텅 빈 들판을 지나왔다. 힘겹게 창턱을 넘어 오두막 안으로 스르륵 미끄러져 들어왔다. 열두 시에 맞는 아침 햇살은 보드랍고 따뜻했다. 달걀도 촉촉한 반숙으로 알맞게 익었다.

'이토록 완벽한 아침이라니.'

나는 속으로 감탄했다. 아침을 먹는 시간이 한껏 늘어져도 아무런 문제 없는, 이런 여행이 나는 참 좋다. 평범하고 소박하지만, 절대로 일상적이지 않다. 집 밖으로 거센 시간의 폭풍이 휘몰아친다 해도, 우연한 불운이 수풀 속에 숨어 오늘의 희생자를 찾고 있다 해도 아침 식탁 앞의 나만큼은 보호받는 기분이다. 모두가 나를 건드리지 않기로 약속한 것 같다.

그러나 잔잔한 호수 같은 풍경엔 작은 돌멩이의 파장도 크게 울린다. 이런 나를 바깥으로 끌어낸 건 어디서 나타났는지 알 수 없는 두 마리의 말이었다.

나는 식탁 앞에서 멍하니 창밖을 바라보는 중이었다. 어젯밤 비취색 오로라가 떠올랐던 하늘엔 구름에 뒤덮인 커다란 해가 둥실 떠 있었다. 눈이 부시지 않아 정면으로 쳐다볼 수 있었다. 뭉근히 오래 볶은 양파가 하늘에서 은은히 빛나는 듯했다. 그 아래 펼쳐진 평원은 더할 나위 없이 하얗고 깨끗했다. 밤새 내린 서리 덕분이다. 그것도 햇살에 조금씩 녹아내려, 투명한 아침 이슬로 반짝이고 있었다. 말들은 멀리서 그 들판 위를 지나가고 있었다. 차가운 얼음별이 뿌려진 우주 위를 걷는 것만 같았다.

어찌나 아름답던지. 눈으로만 담기엔 도무지 성에 차지 않았다. 나는 그 키 작은 털북숭이들을 만지고 싶어서 얼른 밖으로 나갈 채비를 했다. 하지만 지금의 분위기는 깨지 않게. 두툼한 털목도리를 두르고 벙어리장갑까지 꼈다. 설원을 배경으로 한 소설 속 주인공처럼, 엷지만 우수에 찬 얼굴을 했다.

잠시 숨을 고른 후 삐걱대는 나무문을 밀어젖히고 밖으로 나섰다.

털컥 소리와 함께 문이 닫히며 가벼이 흐르던 노래가 끊기자 순식간에 고요해졌다. 밖은 신기하리만치 조용한 세상이었다. 어젯밤 얼어붙은 바닥을 훑던 바람은 불지 않았고, 그 흔한 새들의 지저귐도 없었다. 세상이 이렇게나 조용할 수 있다는 것에 묘한 기분이 들었다.

발을 헛디뎌 점도 높은 액체에 풍당 빠진 것만 같았다.

나는 조심스레 헤엄치듯, 말을 향해 다가갔다. 발소리를 죽이고 숨도 크게 쉬지 않았다.

하나는 하얀 말이었고, 하나는 갈색 말이었다. 둘 다 짤막한 다리와 오동통한 몸뚱이 때문에 상당히 귀여워 보였다. 강아지로 치자면 살찐 웰시 코기나 닥스훈트 같은 느낌. 다만 길게 자란 갈기는 촌스럽게 눈을 가린 가발처럼 보여 확실히 요즘 스타일은 아니었다. 스프레이로 머리를 잔뜩 부풀린 1980년대 펑크 록 가수 같았다.

나는 장갑을 벗어 말에게 손 냄새를 맡게 했다. 이건 동물과의 관계를 시작할 때 기본적인 매너다. 상대방을 존중한다는 표현이자, 나를 해치지 않을 안전한 존재로 소개하는 일이다. 사람으로 치면 눈 마주치고 인사하는 것 같은.

이내 녀석이 냄새 맡기를 멈췄고, 나는 결을 따라 갈기를 쓰다듬었다. 털은 보기엔 얼기설기 엉킨 노끈 같아도 속은 보드라웠다. 기분 좋은 온기가 손끝에 닿았다. 말들은 고개를 푹 숙이고 아랑곳없이 풀을 뜯었다.

"아이고 예뻐라, 착하기도 하지. 어쩜 이렇게 순할까."

나는 살살 어루만지며 칭찬을 아끼지 않았다.

아주 오랜 옛날, 아이슬란드는 원래 말이 살지 않는 땅이었다고 한다. 그러다 유럽의 바이킹이 바다를 건너올 때, 소와 양 등과 함께 가축으로 데려온 것이다. 당연히 맹수는 데려오지 않았다. 아무리 용맹한 바이킹이라 할지라도 자신을 점심 도시락으로 생각하는 녀석들과 한 배를 타고 싶진 않았을 테니까. 아무튼 그래서 긴 시간 동안 아이슬란드의 말들은 천적이 전혀 없는 안정된 환경에서 살아왔다. 그래서인지 쉽게 겁을 먹지 않는다. 사람이나 다른 동물을 위협하거나 경계하지도 않는다.

'역시 온화하고 사분사분한 성격이 되려면 주변에 적이 없어야 하는 것일까.'

야생의 세렝게티처럼 험난한 환경에서는 누구나 얼룩말처럼 예민하고 괴팍해지기 쉬운 법이니까. 그런 데서 온순한 아이슬란드 말처럼 굴었다가는 금세 잡아먹혀 버렸을 것이다.

과연 동물이나 사람이나 으르렁거리고 사는 덴 다 이유가 있다.

시간은 느릿느릿 흘렀다. 그에 따라 몸도 흐느적흐느적 움직였다.

일상에 흔치 않은 차분한 하루였다. 주변이 텅 빈 오두막에서 느지막이 일어나 따스한 햇볕 아래 아침을 먹고, 고요히 얼어붙은 평원에서 말을 쓰다듬는 흐름은 너무도 부드러운 것이었다. 따라서 내 기분도 말끔히 닦인 노면 위를 드라이브하고 있었다.

그러니 그때, 곧 일상에 없는 낯선 감각을 마주치게 될 것이란 예측은 할 수 없었다. 드넓은 평원과 맑게 갠 하늘 사이엔 아무런 전조도 없었다. 모든 것이 지독하리만큼 조용했고, 지루할 만큼 완벽했다.

하지만 단 하나, 나는 이토록 무거운 침묵에 익숙하지 않았다. 귀가 먹먹할 정도의 고요함이었다. 그 어색함을 의식하기 시작하니 끝없이 커져갔다. 마음대로 움직이고 소리 내기 조심스러워져서, 세상이 그대로 하나의 정지된 사진처럼 얼어붙어 버렸다.

그 속에 묻혀 짐작하기를, 무언가 보이지 않는 거대한 것이 들판을 휩쓸고 있는 것 같았다. 소음을 연료 삼아 제 몸집을 불려 나가고 있는. 그렇지 않고서야 이렇게 조용할 수 있을까.

그래서 나는 그것을 '침묵이 타오르는 불길'이라 생각했다. 메마른 밀밭에 불이라도 붙은 것처럼 기세 좋게 활활 타오르는 침묵. 그것은 소리 내는 모든 것을 그 즉시 집어삼켜 더욱더 거세게 치솟았다. 가공할 만한 속도로 주변의 소리를 지워 나가다, 마침내 내가 있는 곳까지 돌진해 왔다.

일순간 나는 내 몸과 밖, 세상에 어떠한 미세한 소리도 남아 있지 않다고 느꼈다.

아무것도 들리지 않았다. 철저히 음소거 된 세상. 머릿속에 잔상처럼 남아 있던 소리들 역시 사라졌다. 누군가 내게 건넸던 말과, 티브이나 인터넷에서 스쳐간 문장들. 어렴풋이 흐르던 배경 음악조차도 그대로 사라졌다.

마치 모든 것이 한순간 불타 사라진 기분. 비현실적인 하얀 평원 위에서 홀연히 영혼만 재처럼 남아 흩날리는 기분을 느꼈다. 낯설지만 편안했다. 아무 말 없는 평원은 내게 아무것도 묻지 않았다. 어떠한 생각도 머릿속을 어지럽히지 않았고, 불안은 그림자와 함께 스스로 물러났다.

이제껏 겪어본 적 없는 신비한 경험이었다. 한없이 깊은 정적에 휩쓸려 잠시나마 삶이 초기화되어 돌아간 느낌. 억새풀처럼 일렁이던 기상은 힘없이 스러졌고, 일생을 관통하는 신념도 보란 듯 자취를 감췄다. 살면서 품었던 목적의식은 또 어디로 가버렸는지.

눈부시게 타오르는 침묵에는 영혼에 들러붙은 모든 것을 정화하는 힘이 있어 보였다.

곧이어 말들의 푸르르, 푸르르 하는 소리와 함께 불길은 사라졌다. 세상은 소리를 되찾았고, 나는 머릿속 가득 세밀한 소음이 수놓는 원래의 모습으로 돌아왔다. 쓰다듬던 손길을 그만 멈췄다.

좋아하는 음악이 흐르는 작은 오두막에 돌아와, 찬물에 담가두었던 삶은 달걀의 껍질을 깠다. 쏴아아 하는 소리를 입으로 받아내며 뜨거운 물로 샤워했다. 꼭 아무 일도 일어나지 않은 것처럼.

그러나 침묵에 타들어 가는 감각은 내 몸 어딘가에 깊게 스며들었다. 그것은 조용히 그늘에 몸을 숨긴 채 도시의 원치 않는 소음을 은밀히 빨아들이고 있다.

그러다 어느 쾌청한 날, 바람이 잦아든 또 다른 광활한 장소로 나를 이끌지도 모른다.

어쩌면 다시 한번 타오르는 침묵에 삼켜질 것을 기대하는 듯이.

시끌벅적한 여행도 좋지만, 가끔은 아무것도 없는 순간이 더 마음에 남습니다. 괜히 뭘 느끼려 애쓰지도 않았는데 말이죠.

날개 없이 날다

◆ 벨리즈 키코커 아일랜드

　어렸을 때, 어딘가 내가 자주 지나다니던 벽면에 영화 포스터가 크게 붙어 있었다. 그게 우리 집 거실이었는지 어디였는지는 잊었고, 그림만 또렷이 기억한다. 어두운 밤, 달빛에 파랗게 빛나는 바다 한가운데서 남자와 돌고래가 수영하는 장면이었다. 볼 때마다 참 근사하다고 생각했다.
　그리고 이십 년인가 긴 시간이 흐르고, 우연히 비행기에서 그 영화를 보게 됐다. 뤽 베송 감독의 〈그랑 블루〉라는 프랑스 영화였다.

　영화는 바닷속 깊은 곳에 광적으로 집착하는 사람들의 이야기다.
　주인공은 그리스의 작은 어촌에 사는 청년 '자크'. 아버지가 잠수 사고로 숨지자 바다와 돌고래를 가족 삼아 살아가는 청년이다. 유일

{ 매너티 }
바닷속에 사는 거대하고 온순한 초식 포유류. 종종 수면 위에 올라오지만, 물으로는 나오지 않는다. 아가미 없이 폐로 호흡하며 한 시간 넘게 잠수할 수 있다. 발톱이 있는 두 개의 앞지느러미를 손처럼 사용하기 때문에, 과거 뱃사람들은 이들을 인어로 착각 하기도 했다.

한 마을 친구로는 '엔조'가 있는데, 그는 잠수 실력을 겨루는 경쟁 대상이기도 하다. 둘은 그렇게 바다에서 함께 성장해 간다. 그리고 오랜 시간이 흐른 어느 날, 마을을 떠났던 친구 엔조가 세계 잠수 챔피언이 되어 돌아온다. 그는 자크를 다이빙 대회에 초청한다. 일생의 라이벌을 찾아온 것인데, 놀랍게도 우승의 영광은 주인공 자크가 차지하게 된다.

그러나 이렇게 해피 엔딩이었다면 여운도 없겠지. 엔조는 패배를 인정하면서도 물속 깊이 무리하게 잠수하다 목숨을 잃는다. 사고라기보단 본인의 선택이다. 그 역시 한평생을 인간의 한계를 극복하기 위해 도전해 왔으니까. 그런데 설상가상으로, 충격에 빠진 주인공 역시 임신한 애인을 떠나 바다에 빠지기를 선택한다. 부전자전이라고 할까, 유유상종이라고 할까. 나는 바다와 수영을 좋아하지만, 절대로 그 정도까진 아니다. 정말로 바다와 결혼할 것도 아니고.

하지만 어째서인지 이해는 됐다. 왜 그렇게 바닷속 깊은 곳에 집착하는지, 희미하지만 조금은 알 것 같았다. 사람은 누구나 영혼이 해방될 곳을 찾아다니곤 하니까. 확실히 바다에는 무언가 많은 것을 잊게 하는 이상야릇한 힘이 있다. 한없이 포근하고, 또 적막하고.

네 살인가 다섯 살 때부터 수영을 배우러 다녔다. 매일 아침 혼자서, 수영복 가방을 빙빙 돌리며 집 근처 수영장에 갔다.

아마 유치원보다 수영장에 간 날이 많았을 것이다. 유치원 생활은 깡그리 잊혔는데, 수영장에서의 몇몇 장면은 머릿속에 생생히 남아 있다. 손바닥을 마주 대고 물총 쏘는 방법을 배웠던 기억. 지각하는 날엔 몸이 번쩍 들어올려져 수영장 한복판으로 내던져졌던 기억. 분명 구구단도 외지 못했을 나이인데, 지금까지 이렇게 기억이 나는 것도 신기하다.

유아 수영반에 참가한 첫날도 기억난다. 수영장 구석에 크고 하얀 기둥이 있었고, 나는 그 뒤에 숨어 나올 줄을 몰랐다. 애처롭게도 잔뜩 겁에 질려 있었던 게다. 그때는 어찌나 물이 무섭던지. 발을 담그기만 하면 차갑고 넘실거리는 그것이 나를 한입에 꿀꺽 집어삼킬 것만 같았다. 저 멀리 다이빙대는 저승길 문턱이나 다름없었다.

그래서 큰 소리로 '으아앙' 소리 내어 울었다. 복받치는 설움을 한껏 토해내며. 어차피 우는 게 부끄러울 나이도 아니었고, 그 시절 나는 불가사의한 세상에 살아가는 작은 겁쟁이였다. 밤길 수풀 속 샤각샤각 소리만으로도 끔찍한 악귀를 상상해 내곤 하는.

그렇게 첫날, 유약한 나는 물속에 발조차 담가보지 못했다. 괜찮다고 다독이는 어른들의 손짓, '거참 별난 놈이 왔어.' 하고 쳐다보던 다른 꼬맹이들의 눈빛만 기억난다.

그러고 시간이 꽤 흘렀다. 어느덧 초등학교에 입학한 나는 수영을 썩 잘하게 됐다. 나보다 먼저 물이랑 친해졌던 꼬맹이들보다도 출중하게 했다.

'아니, 갑자기 어떻게?' 싶겠지만, 원래 세상엔 복선 따위 없는 일이 많다. 그냥 애초에 그렇게 될 운명이었던 거다. 한마디로 재능이 있었다고 할까, 떡잎부터 달랐다고 할까.

또 이런 장면도 기억한다. 초등학교 고학년 무렵, 1,500미터 장거리 수영 대회에 나갔을 때다. 고만고만한 또래 아이들 사이에서 승부욕을 느끼지는 않았다. 경쟁심, 투지, 딱히 그런 것도 없었다. 그저 언제나처럼 얼른 수영을 끝내고 샤워실 사우나에 들어가고 싶었다. 풀장 물은 왜 그렇게 항상 차가운 건지. 나는 의심할 여지없이, 풀장보다 사우나를 좋아하는 꼬마였다.

하지만 물속에서 1,500미터는 끝이 보이지 않는 아득한 거리다. 줄어들지 않는 엄마의 냄비 카레 같은 것이어서, 어지간히 헤엄쳐도 왕복해야 할 횟수가 까마득히 남아 있다. 가슴이 터질 듯 숨을 헐떡이게 되고, 온몸이 무거운 납덩이에 짓눌리는 순간이 온다. 그래서 마지막 몇 바퀴는 꺼이꺼이 울면서 헤엄쳤다. 물안경 가득 눈물이 차올라 앞이 거의 보이지 않았다. 이것 하나만은 또렷이 기억나는데, 옆에서 따라다니며 응원한 엄마 다리만 보였다. 그 처절했던 장면은 머릿속 깊은 곳에 액자처럼 남았다.

그렇게 다시 시간은 흘러, 이제 제법 머리가 굵은 오늘날의 내가 되었다. 구구단쯤은 간단히 왼다. 덩치만 커졌지 여전히 겁은 많지만, 어릴 적 이를 악문 훈련 덕에 그럭저럭 수영할 줄 안다.

"그래서, 그렇게 어릴 때 수영을 꾸준히 배운 게 도움이 많이 되나요?"

누군가 묻는다면 아마도 나는 이렇게 대답할 거다.

"글쎄……, 아무래도 그렇지 않을까요?"

사실 나는 중학생이 되면서 수영장에 가지 않게 되었다. 갑자기 농구가 왜 또 그렇게 재밌던지. 중학교에 다니는 3년 동안 키가 30센티미터 가까이 자랐다. 키가 크면 좋은 점이 몇 가지 있는데, 하나는 조금 더 신선한 공기를 맡을 수 있다는 거고, 하나는 남들보다 농구 골대와 가까워진다는 것이다. 이건 좀 재수 없어 보일지도 모르겠지만.

어쨌건 수영장에서의 마지막은 잘 기억나지 않는다. 어슴푸레 다이빙을 배우던 장면만 남았다. 그러니까 어린 시절 내게 수영은 잔잔한 일상에 거세게 밀려든 파도였다가, 어느 순간 내가 사는 세상을 뒤덮은 바다가 되었고, 차츰 흩어지는 물보라가 되어 사라져버린 것이다. 햇수로 거의 칠팔 년이 걸렸다.

    때로는 인생에서 그만치 컸던 존재도 시간에 묻히면 소리 없이 스러지고 하는 건가 보다.

    하지만 수영을 할 수 있었기에 만들어진 기억들은 분명 있다.
    언젠가 호주에서, 이집트에서, 엘살바도르와 우크라이나에서 유유히 바닷속을 헤엄쳐 다녔다. 어떤 날은 혼자였고, 또 다른 날엔 누군가와 함께 유영했다. 세상에는 참 근사한 바다가 많더라. 섬광처럼 번쩍이는 한여름 바다도 있었고, 붉은 노을빛을 머금고 타오르던 바다도 있었다.
    그때마다 나는 바닷속 풍경의 일부가 되었다. 이건 정말, 수영을 할 수 있는 덕분이다. '그까짓 수영 안 하면 어때.'가 아니다. 나는 적어도 내가 언제 빠져야 하는지 알 수 있다. 그건 물속이 내게 남겨둔 감각이다. 물에 익숙한 사람이라면 누구나 갖고 있을 감각. 무언가 바다가 부른다는 느낌이 들 때, 수면 아래 깊숙이 몸을 맡기고 평온한 고요 속에 머물며 유유히 헤엄쳐 다니는 거다. 그곳은 차갑고, 어둑하고, 때로는 약간의 두려움이 함께 한다.
    어쩌면 그 순간마다 수영을 하지 못했으면 인생이 꽤 달라졌을지도 모르겠다. 아마 지금보단 조금 덜 신나는 방향으로.

시간이 흐르고 나서야 할 수 있는 말이지만, 인생에 조금이라도 특별한 경험을 만들 수 있다면 어떤 노력이든 쓸모없지 않은 것 같다.

카리브Caribbean해의 아름다운 섬, 벨리즈Belize의 키코커Caye Caulker. 그곳에서도 꿈같은 수영을 했던 기억이 하나 있다.

나는 그 섬에 머무는 동안 매일같이 바다로 나가 시간을 보냈다. 쾌청한 하늘에서 쏟아지는 뜨거운 햇볕에 반들반들 윤이 날 정도로 피부를 그을렸지만 크게 신경 쓰지 않았다. 그때는 그게 폼 난다고 생각했다.

그리고 하늘이 유독 맑은 날이 있었다. 티끌만 한 구름 한 점 없어서, 선글라스 없이는 눈이 멀 것 같은 날이었다. 하늘이 어디까지 파란색이어도 괜찮은 것인지 그때 알았다. 그래서 작은 배를 타고 두리둥실 바다로 나갔다. 그래야만 할 것 같은 하늘이어서. 이렇게 좋은 날에는 가능한 한 멋진 하루를 보내고 싶어진다. 다행히 파도는 잔잔했고, 몸 상태 역시 더없이 좋았다. 온몸이 서서히 끈적이는 땀으로 덮이기 시작하자 어서 바다에 빠지고 싶다고 생각했다.

마침 그때, 한참을 떠나온 바다 위에서 선장님이 소리쳤다.
"저기, 물 밑에 매너티가 있어!"

곧 시동이 꺼졌다. 나는 고민하지 않았다. 그런 건 바다 위에서 들고 있기 버거운 것이다. 재빨리 물안경을 쓰고 기다란 물갈퀴를 차고, 그대로 점프해 바다에 뛰어들었다. 언제나 듣기 좋은 소리, 첨벙!

잠시 거품이 뻐그르르 일더니 곧 시야가 선명해졌다. 이럴 땐 항상 '비 갠 뒤 맑음' 같은 기분이다.

다시 수면에 떠서 숨을 크게 들이마셨다. 힘껏 고개를 숙여 머리를 바다 아래로 찔러 넣었다. 허리를 꼿꼿이 펴서 수면과 수직으로, 동굴에 매달린 박쥐처럼 거꾸로 섰다. 그리고 부드럽게 두 발을 내젓기 시작했다.

바다는 점점 짙어지고, 고요해진다. 홀린 듯 미끄러져 내려간다.

이럴 땐 다른 세상으로 넘어가는 차원의 문을 지나는 기분이다. 이건 정말 잠수를 할 때가 아니면 느낄 수 없다. 바다는 삶의 경계이자 새로운 세계로 이어지는 연결 고리 같다.

곧 폐가 쪼그라드는 것이 느껴져 긴장감에 이를 악문다. 이내 호흡할 수 없는 상황을 인지한 뇌가 심장 박동을 천천히 늦춘다. 귀가 아파 오면 코와 입을 막고 한껏 숨을 내뱉어 압력을 맞춘다. 불필요한 동작은 하지 않는다. 물속에서 버틸 수 있는 시간은 고작해야 이삼 분 남짓.

그러나 다행히도 시간은 물속에서 제 속도로 흘러가지 못한다. 지상에서보다 한결 느리고 끈적하게 흘러간다.

저 멀리 해초를 뜯어 먹고 있는 녀석이 보였다. 나는 더욱더 힘을 냈다.

바닥에 닿자 자그마한 평화가 찾아왔다. 금세 녀석을 따라잡았다. 실제로 매너티를 보게 될 줄이야, 놀란 입을 꾹 다물고 감격했다. 생각보다도 덩치가 컸다. 그런데 그게 '우락부락'이 아니라 '둥글둥글' 같은 느낌이어서 겁나지 않았다. 오히려 귀여웠다. 지극히 순해 보이는 인상에 비행선처럼 두둥실 떠다니고 있어서, 어쩐지 바람이 빵빵하게 들어간 퍼레이드 동물 풍선을 보는 것 같았다.

나는 옆에서 평행하게 따라가며 그 모습을 지켜봤다. 아예 녀석처럼 일자로 누워서 두둥실 떠다녔다. 바닷속에 부는 바람에 함께 느릿느릿 흘러가듯이.

혹시 아시는지? 단순히 동물의 행동을 따라 하는 것만으로 동물과 쉽게 가까워질 수 있다는 것을. 실제로 그들도 편안하게 느끼는지는 물어봐야 알겠지만('뭔데 이 녀석?' 할지도 모른다.), 적어도 내가 지켜본 바로는 그렇다.

나는 동물과 같은 포즈와 눈높이로 있을 때, 비로소 그들이 살아가는 세상을 조금이나마 이해할 수 있는 것 같다. 일반적으로 동물은 보다 폭넓은 감각을 갖고서 사람이 느낄 수 없는 세상을 살아가기 때문이다. 그래서 동물과 교감하는 것은 다른 세계와 교감하는 일이기도 하다. 모든 장소엔, 그곳에 있는 생명체 수만큼 다양한 세계가 있다.

반쯤 매너티가 된 기분이었다. 온몸으로 물의 흐름을 느끼고, 날개 없이 날고 있었다. 모든 욕심과 근심은 오직 '숨 쉬는 것'에 대한 것이어서, 복잡한 머릿속이 말끔히 정리되어 갔다.

이래서 수영이 좋다. 아무런 이해관계 없는 물속에 들어가는 게 좋다. 물속에서 원래의 이름과 무게는 중요하지 않다. 오히려 물 밖에서 사용하지 않던 감각들이 날카롭게 벼려져서 바깥세상에 철저히 무감각해진다. 두 발로 걷던 나와는 완전히 다른 생명체가 된 기분이다.

그러니 수영은 세상을 전혀 다른 방식으로 살아보는 작은 경험일지도 모른다. 수영을 배우지 않았다면 세상이 이렇게나 가벼울 수 있다는 것도 몰랐을 것이다.

더는 버틸 수 없는 순간이 온다. 수면을 향해 고개를 빳빳이 들고 힘차게 발을 젓는다. 저 멀리 빛을 향해 나아간다. 현실에 이토록 비현실적인 순간이 있을까? 바다 깊은 곳에서 올려다보는, 수면을 뚫고 스며드는 빛의 향연은 우아하다. 한겨울 밤하늘에 물결치는 오로라 같다. 그리고 그 사이를 날아다니는 총천연색의 물고기 떼. 바다는 위에서 바라봐도 아름답지만, 아래에서 올려다볼 때 더욱 마음을 흔들어 놓는다.

그렇지만 수면은 생각만큼 쉽게 가까워지지 않는다. 어떨 때는 무의미한 제자리걸음 같아서, 나 자신을 거대한 바닷속 아주 작은 점처럼 느낀다. 두꺼운 얼음장 밑에서 뽀글대는 하나의 기포가 된다. 그 께름칙한 기분이 전신을 옥죄어 오고, 격렬히 움직일수록 숨을 내뱉고 싶은 충동이 머릿속을 가득 메운다.

"…… 푸하!"

정신이 아득해지려 할 때, 마침내 되찾은 숨. 폐 속 가득 느껴지는 시원한 공기, 되살아나는 원래의 익숙한 감각들. 심장이 터질 것만 같다. 바로 그 찰나, 가느스름히 뜬 눈으로 바라본 세상은 얼마나 반갑고 아름다운 것인지.

기분은 비 갠 뒤 맑음, 그다음 영롱한 무지개가 뜬다.

나는 오로지 그 잠깐의 무지개 때문에 바닷속 깊이 빠지고 싶을 때가 있다.

세상은 하나의 세계처럼 보이지만, 사실 수많은 세계의

문들로 가득합니다. 그러나 배우려는 열정을 지닌 사람만이

그 문을 열어볼 수 있죠.

아마존 강가의 작은 몽상가
볼리비아 북부 아마존 유역

일반적으로 말해서, 동물의 관심을 끄는 것은 그리 어려운 일이 아니다. 녀석들은 대개 호기심이 왕성한 데다 제각기 특출난 감각 기관도 갖고 있으니까. 알다시피 갯과 동물의 경우에는 냄새가 효과적이고, 고양잇과 동물에겐 움직이는 물체가 효과적이다.

유전적 요인도 무시할 수 없다. 험난한 야생에서 살아남은 녀석들에겐 생존에 대한 원초적 욕망이 뼛속 깊이 심어져 있다. 이 때문에 웬만해선 경계심을 풀지 않고, 주변 상황에 민감히 반응하기 쉽다.

물론 사람에게 길들여진 경우나, 도심 속 비둘기처럼 '이것들이 감히 나를 건들지는 않겠지?' 하고 경험을 습득한 경우라면 얘기가 다르겠지만, 보통의 메커니즘으론 그렇다는 얘기다.

대부분은 등 뒤에서 소리 내는 것만으로 흠칫 놀라곤 한다. 무슨

{ 카피바라 }
현존하는 가장 큰 설치류. 다만 강력한 포식자가 넘쳐나는 아마존강 유역에 서식하는 까닭에 '초대형 설치류'라는 말이 무색할 만큼 약자에 가깝다. 이름은 '가느다란 풀잎을 먹는 이'라는 뜻에서 왔고, 가까운 친척으로 기니피그가 있다. 물가에 사는 동물답게 발가락 사이에 작은 물갈퀴를 가지고 있다.

엉큼한 짓이라도 하다 들킨 것처럼.

하긴 이렇게 말하면 사람도 별반 다를 건 없으려나? 인간이 지금처럼 먹이 사슬 꼭대기에 올라선 것은 유전학적으로 비교적 최근의 일이니까.

아프리카 나무에서 내려와 이제 막 직립 보행을 시작했을 때부터 아주 오랜 시간, 맹수들 가득한 자연에서 사람은 그야말로 물렁팥죽 같은 존재였다. 우리에겐 무지막지한 송곳니나 발톱이 없으니까. 그나마 잘할 수 있던 건 두 발로 서서 넓은 시야로 주변을 살피는 일. 그러니 그때부터 길러온 본능적인 경계심이 휘리릭 사라졌을 리 없다.

그냥 하는 소리가 아니다. 이를 뒷받침할 증거로 나는, 절대로 도서관에서 문을 등지고 앉지 않는다. 뒤에서 드르륵 문이 열리는 소리가 날 때마다 긴장되고 궁금해서 참을 수 없기 때문이다. 그렇게 되면 공부고 뭐고 없다. 그러니까 나의 이런 행동은 단순히 개인적인 문제가 아니라 그보다는 훨씬 심오한, 수만 년 전 수렵 생활을 하던 종의 습관에서 비롯된…….

"그건 그냥 집중력 부족 아닌가요?" 한다면 변명의 여지가 없지만.

동물은 대개 열정적으로 구애하는 내 모습에 흥미를 갖는다. 내가 그런 쪽으로 특출난 재능이 있는 것인지도 모르겠지만, 호감 가는 이성의 관심을 끄는 일에 비하면 정말 아무것도 아니다. 그만큼 쑥스러울 일도 전혀 아니고.

그렇지만 구태여 '일반적으로'라는 단서를 붙인 건, 만난 동물 중에는 당연히 그렇지 않은 놈들도 있었기 때문이다. 이를테면 코알라와 카피바라. 개인적인 경험에 따르면, 녀석들은 태생적으로 무감각한 생물처럼 보였다. 세상만사 다 덧없고 허망하다고 느끼는. 열정이라고는 눈곱만치도 없는 동물들이다. 그래서 유감스럽게도 녀석들의 관심을 끄는 건 힘겨운 일이었다. 아무리 너저분한 술수를 부려봤자 높은 확률로 깊은 무력감을 맛보게 된다. 차라리 롤러코스터 위에서 사차 함수 문제를 푸는 게 나을 정도랄까.

하기야 코알라가 둔감한 데는 그만한 이유가 있다. 일단 녀석은 하루에 스무 시간씩 자는 심각한 잠꾸러기다. 게다가 주식인 유칼립투스 잎에 알코올 성분까지 들어 있어서 매사에 관심이 없기보단 늘 정신이 해롱해롱할 뿐이다. 따라서 조금 독하게 표현하자면, 코알라는 '알코올 중독 게으름뱅이'라고 할까? 더군다나 녀석의 보금자리 주변엔 딱히 천적이라 할 만한 것도 없다. 그러니 이것저것 경계하며 긴장하고 살 필요가 뭐가 있나. 코알라야말로 부러운 인생, 아니 동물생이다.

하지만 카피바라, 놈은 이상하리만치 목석 같다. 무시무시한 카이만 악어와 아나콘다가 득실거리는 정글에 살면서도, 언제나 명상에 잠겨 차분한 태도를 유지한다. 같은 서식지에 사는 다람쥐원숭이와는 결 자체가 다르다. 악동 노릇을 하는 다람쥐원숭이는 숲속 여기저기 휘젓고 다니지만, 카피바라는 늘 같은 자리에 있다. 현세에 아예 관심이 없는 것 같다. 누군가 옆에서 알짱알짱해도 시종일관 릴랙스, 오직 릴랙스다.

참, 근데 카피바라를 아시는지? 대형 견만 한 덩치를 가진 꼬리가 없는 쥐. 앞니가 튼튼한 그 쥐 맞습니다. 다행히 징그럽지는 않고요.

내가 카피바라를 만난 건 아마존을 방문했을 때였다. 어느 12월의 여름(남반구이므로), 그곳 깊숙이 자리한 베이스캠프에 며칠 묵은 적이 있다. '지구의 허파'라는 명성답게 끝없이 으리으리한 정글이었다. 당시 나는 남미의 볼리비아를 여행하는 중이었다. 원래부터 아마존에 가려던 건 아니었다. 그저 우연히 '라파스La Paz'라는 도시에 머물다가 "북쪽 협곡 지대를 넘으면 아마존 유역에 닿을 수 있다."는 얘기를 듣게 된 것이다.

세상에, '인디아나 존스'도 아니고 나 같은 평범한 사람이 갈 수 있다는 게 신기했다. 갑자기 고전 어드벤처물 특유의 경쾌한 브라스 사운드가 깔리는 기분. 그래서 가지 않을 수 없었다.

"호오, 아마존이라니 근사하군요. 다시 가고 싶지는 않으세요?"

하지만 이런 질문을 받는다면 글쎄올시다. 인생에는 '그래, 한 번으로 족해.' 하는 경험이 무수히 생기기 마련인데(예컨대 악어 스테이크를 먹어보는 일), 아마존은 가는 길부터 그런 생각이 들게 하는 곳이었다.

도시를 벗어나 까마득한 절벽 길을 통과하고 지프로 덜컹덜컹 진창을 내달린 다음, 보트로 갈아타면서까지 총 서른 시간 넘게 이동해 도착한 곳이라, 정확히 아마존의 '어떤 지점'을 다녀온 것인지도 모르겠다. 오래전 일이라 기억이 가물가물한 탓도 있고, 그만큼 문명과는 상당히 거리가 있는 곳이었다. 당연히 휴대폰 따위는 터지지 않았다.

만약 아무것도 하지 않는 것을 고문으로 느끼는 사람이라면 아마존이 맞지 않을 수도 있다. 그곳엔 흘러가는 홍토색 강물과 흰 구름, 한 발짝도 들어오지 말라고 경고하는 울창한 밀림, 쨍쨍 내리쬐는 햇볕 말고는 아무것도 없다. 정말 이래도 되나 싶을 정도로, 초월적으로 없다.

그래서 그곳에선 누구나 정신이 흐리멍덩해진다. 할 일이 없으니 어떠한 의욕도 무의미하다. 카누를 타고 한참 돌아다닌다 한들 '잠깐,

이미 지나왔던 곳 아닌가?' 하는 생각이 반복될 뿐이다.

결국 현실의 이런저런 문제는 불볕더위 속에 흐지부지 사라져 버린다. 어느새 체스판 위에 홀로 선 말이 되어, 스스로 무엇을 해야겠다는 의지도 맥없이 시든다. 그야말로 '거대한 자외선 살균기' 속에 들어온 것만 같은, 정글은 그런 미스터리한 곳이다.

나는 그런대로 적응을 잘해서 괜찮았지만 누구에게나 추천할 만한 곳은 아니다. 딱히 아마존에서만 볼 수 있는 근사한 풍경이 있는 것도 아닌 터라. 만약 여행지에서의 광란의 밤, 혹은 두근두근 열렬한 로맨스 따위를 꿈꾼다면(그런 게 필요할 때가 있죠.) 조금도 어울리지 않는 곳이다. 생각을 정리하기엔 좋지만, 그런 일은 동네 뒷산에 올라서도 할 수 있고 서른 시간씩 걸리지도 않는다. 그러니 '아마존만은 죽기 전에 꼭 가봐야겠어.' 하고 생각했다면 조금 더 고민해 보시기를.

각설하고, 카피바라는 아마존에서 찾기 힘든 동물은 아니었다. 물가 여기저기에 흔하게 있었다. 심지어는 베이스캠프 바로 앞에 흐르는 작은 강 건너에도 있었기 때문에, 나는 도착하자마자 통나무집에 짐을 풀어놓고 나와 녀석을 구경했다. 바람 부는 그늘 아래 적당한 그루터기에 걸터앉아서.

비록 무시당하긴 했어도 "안녕, 카피바라 씨!" 하며 말도 걸어봤다. 그때까진 '아아, 내가 정말 아마존에 왔구나.' 하고 한창 들떠 있던 터라 어쨌든 기분이 좋았다. 하나부터 열까지 모든 게 좋았다. 구체적으론 '아마존에 왔다.'라는 사실보다 '생각대로 이루었다.'라는 것에 마음이 뿌듯했다. '가려고 마음먹었더니 진짜로 왔네.' 하는 놀라움. 잠시나마 세상이 내 손바닥 안에 있는 것 같았다. 이럴 땐 정말 인생을 아낌없이 사는 기분이다. '똑바로'인지는 몰라도 '제대로' 사는 것 같다.

그러나 시간이 흐르고, 아무것도 할 게 없다는 정글의 진실을 알아차릴 때가 왔다. 피라냐 낚시 한 번, 아나콘다 찾으러 나간 것 한 번 말고는 내내 널브러져 있었다. 태양에 주르륵 녹아가는 밀랍 인형처럼 안일하고 나태하게. 그러면서 더더욱 많은 시간을 강 건너 카피바라를 관찰하는 데에 쏟게 되었다.

지켜본바, 녀석은 눈길 한 번 주지 않는다.

비정한 녀석이다. 내가 그토록 매력 없는 수컷인가 서운할 정도로. 발발거리는 새끼 치와와였다면 고개를 백 번은 더 돌렸을 것이다. 노력하지 않은 것도 아니다. 무던히 애를 썼지만 모두 허사였다. 예컨대 관심 받기 좋아하는 꼬마처럼 힘껏 물수제비를 뜨고 있어도, 해먹 위에 앉아 설원을 달리는 야생마처럼 흔들흔들하고 있어도 녀석은 어찌 된 노릇인지 조금의 관심도 보이지 않는다. 지나가는 다른 동물에게도 반응하지 않는 것으로 보아 사람에게만 그런 것도 아닌 듯했다.

그저 한결같았다. 살포시 눈을 감고 턱을 든 채로 가만히 있거나, 아몬드 초콜릿을 닮은 눈동자로 하염없이 흘러가는 강만 지켜보고 있었다. 흐트러짐 없는 단정한 몸가짐에 과장이나 허식은 느껴지지 않았다. 한마디로 '아마존의 작은 몽상가' 같았다.

그렇지만 터무니없는 몽상가는 아니다. 진짜배기다. 강을 바라보는 아득한 눈빛에, 가볍지 않고 어딘가 고귀한 기운이 있었다. 머릿속에 온전하고 단단한 자기 세계를 구축해 낸 것만 같은. 이른바 외유내강이다. 이따금 코를 실룩거리거나 작은 귀를 파닥이기도 했지만, 그건 의지와 상관없어 보였다.

항상 그러고 있었다. 녀석은 내가 잠에서 깨어 양치하러 나왔을 때도 그러고 있었고, 점심을 먹고 쉬러 나왔을 때도 그러고 있었다. 밤하늘 달빛 아래에서도 마찬가지였다. 간혹 사라져 있기도 했지만, 잠시 다른 일을 하고 돌아오면 늘 그렇게 같은 모습으로 나타나 있었다. 그래서 언제부터인가, 없으면 허전한 병풍처럼 되어버렸다.

더군다나 어떠한 방식으로든 꾸준한 태도라는 것은 은근히 사람 마음을 끄는 구석이 있다. 절제와 인내를 생활의 원칙으로 지켜나가는 모습에 묘한 존경심이 생겨나기도 하고. 때문에 나는 녀석이 보일 때면 같이 넋 놓고 강을 바라보고 있게 됐다.

평화로운 시간이었다. 한여름 따가운 햇빛을 받은 강물은 펄떡이는 연어 빛깔처럼 번뜩였다. 나지막이 끊이지 않는 물소리는 제법 듣기 좋은 배경 음악이 됐다. 시계는 보지 않았다. 볼 필요도 없었고. 다행히 긴 시간 그러고 앉아 있어도 지겹지 않았다. 나도 전생에 카피바라였을까? 세상 모르고 마냥 보았다. 녀석은 대체 물속에서 무엇을 찾고 있는 것일까.

옛날에 본 영화 중에 〈흐르는 강물처럼〉이란 영화가 있다. 감독은 로버트 레드포드. 그때도 이미 오래된 영화였는데, 지금처럼 잔잔한 강을 볼 때마다 떠오르는 영화이다.

배경은 미국 몬태나주의 빅 블랙풋 강가. '두 아들과 아버지의 낚시'라는 단순한 소재를 통해 가족 간의 사랑, 갈등 그리고 참다운 인생에 관한 질문을 잔잔하게 그려냈다. 극적으로 긴장이 고조되는 신이 없어서 어깨 힘 빼고 편안히 볼 수 있다. 여러모로 가슴이 따뜻해지는 영화다. 아름다운 자연 풍광도 좋고, 작은아들 역을 맡은 브래드 피트의 젊은 시절 연기를 볼 수 있다는 것도 좋다. 무엇보다 마지막 장면에 깊은 산울림 같은 여운이 있다. 러닝 타임도 딱 적당하다. 한적한 산골 마을의 정취를 좋아한다면 꼭 한 번 찾아보시길.

늦은 오후의 빅 블랙풋 강가, 금빛 햇살이 물결에 잘게 부서지고 있다. 곧 해가 질 것 같다. 강의 한쪽이 깎아지른 암벽과 잇닿아 있어 강물은 길게 굽이쳐 흐른다. 풍성한 나뭇가지가 바람에 휘청인다. 그리고 그 적막한 풍경에 묻혀, 누군가 홀로 무릎 아래까지 강물 속에 담근 채 낚시를 하고 있다. 긴 세월이 흘러 백발노인이 된 첫째 아들이다. 낚싯대를 잡은 그의 나이 든 손엔 떨림이 멈추질 않는다. 언제나 함께 강을 찾았던 동생과 아버지는 더 이상 세상에 없다. 그러나 변함없이 흐르는 강을 바라보며 상념에 젖어 있는 노인의 눈에 망설임이나 고통은 느껴지지 않는다. 그는 인생을 달관한 사람처럼 보인다. 그때, 나긋이 읊조리는 내레이션이 참 멋지다.

"이제 어렸을 때 내가 사랑하고 이해하지 못한 사람은 대부분 죽었다. 하지만 나는 아직도 그들에게 다가가려 애쓰고 있다.
…… 어둑해진 계곡에 홀로 있으면 어슴푸레한 빛 속에서 만물은 희미해지고 합쳐진다.
나의 영혼과 추억부터, 강의 소리와 네 박자 낚싯줄 리듬, 물고기가 수면에 떠오를 거라는 희망까지.
결국 모든 것이 하나로 합쳐지고, 강물은 그것을 따라 흐른다."

그렇게 아마존에서, 나는 멍하니 강만 바라보고 지냈다. 어찌어찌 해가 뜨고 이래저래 해가 졌다. 구불대는 강은 은밀히 다가와 시간을 휘감아 삼켰다. 흔치 않은 경험이었던 것은 분명하다. 여기서 더 산다 해도 그렇게 오랜 시간 우두커니, 흘러가는 강만 바라보는 날은 오지 않을 것 같다. 하루도 아니고 며칠씩이나 세상과 완전히 단절된 채로.

한데 그래서 뭔가 깨달은 게 있었나 떠올려보면 그런 것 같지는 않다. 흘러가는 강을 보면서 대단한 감정을 느끼지는 못했다. 솔직히 눈곱만큼도 없다. 나는 어떤 고민을 하면서 강을 바라본 것도 아니었으니까.

조금 아쉽긴 하다. 새벽 물안개가 피어오르는 수면은 본 적 있어도, 그것이 나의 영혼과 추억에 합쳐진다든가 하는 기적은 일어나지 않았다. 마음이 벅차 오르지도, 깊게 매료되지도 않았다.

그러기엔 너무나 평범한 강이었고, 무엇보다 나는 아직 가슴 먹먹한 인생을 산 백발노인도 아니라…….

그렇지만 인생에는, 정작 당시에는 무심코 흘려보냈다가 지나고 나서야 '꽤 특별한 순간이었구나.' 생각하게 되는 기억도 있는 것 같다. 지금의 내가 겪는 일을 모두 이해하고 산다는 것은 불가능한 일이니. 말하자면 이렇다. 사람은 많은 것을 잊으며 살아가고 눈 깜짝할 사이 대부분 일이 과거의 사소한 것이 되어버리지만, 어떤 순간은 흘러가고 나서야 비로소 완성된다. 그 당시엔 별다른 의미를 지니지 않고 있다가, 이후에 삶 속에서 의미를 발견하게 되는 것이다.

내게 아마존에서의 기억은 이제야 조금씩 특별해지기 시작했다. 물론 대부분의 장면은 망각 속으로 휩쓸려 갔다 애써 사진을 꺼내 보지 않는 한, 일어나지 않은 일이나 다름없다.

하지만 가장 사소했던 한결같은 강물의 흐름, 그것만은 멈추지 않는 이미지로 남았다. 더욱이 또 다른 곳에서 보았던 수많은 물줄기와 합쳐져, 이제는 무시할 수 없는 관성으로 흘러간다. 머릿속에 켜켜이 덧입혀져 지워낼 수 없게 되는 거다. 어느덧 나는 그 일관된 흐름이 얼마나 마음 편하게 하는지 알 것 같은 나이에 접어들고 있는가 보다.

그래서 짐작하건대, 사람은 자신의 시간이 만들어낸 흐름에 지배당하게 되는 것 같다. 모두에겐 각자의 삶을 관통하는 하나의 큰 물줄기가 만들어진다. 오직 나만이 느낄 수 있는, 내 인생의 선명한 흐름. 나이가 들어 그것이 구체적인 형상을 띠기 시작하면 떠오르는 생각 하나하나 점점 더 그것의 흐름을 거스르기 버거워진다. 지금껏 살아온 흐름대로 흘러가며 살게 된다.

마치 거스를 수 없는 숙명의 물줄기 같다. 차차 어떤 사람이 되고 싶은지 생각하는 것도 점점 부질없게 느껴진다. 나는 내가 바라는 대로 늙어갈 줄 알았는데, 결국 이 흐름 그대로 미래의 내가 될 테니까. 그렇게 흐름을 따라가기만 하면 '늘 행복하진 않더라도 늘 불행하지도 않겠지.' 하고 만족하게 된다.

이것이 과연 좋은 일인지는 의문이다. 때때로 나는, 내가 가진 흐름을 못 본 채 외면하고 싶을 때도 있다. 흐르는 강에 돌연 파도라도 덮쳐 오기를 바라면서.

그러나 한 가지, 적어도 '무엇이든 흘러간다는 사실' 하나만은 마음속에 꼭 간직하며 살고 싶다는 생각이 든다. 그래야만 지금 나를 힘들게 하는 것이 더 가벼워지고, 지금 내게 기쁨을 주는 것은 더 무거워질 테니까.

'결국 아무리 지키고 싶은 인생의 아름다운 순간도 흘러가는 것을 막을 수가 없구나.'

이제 나는 강을 보면 종종 그런 생각이 든다. 어쩌면 카피바라도 비슷한 생각을 하고 있었을지도 모른다.

이건 좀 다른 얘기인데, 언젠가 멕시코에서 카피바라를 닮은 여자를 본 적이 있다. 어느 가을날 비성수기의 한가한 숙소에서였다. 생김새가 비슷하다는 건 아니다. 카피바라에겐 미안하지만 그보단 예뻤던 것 같다. 정확히 어떤 얼굴이었는지는 흐릿해졌지만, 적어도 그보다는. 단지 '내가 아무리 노력해도 관심조차 주지 않는다는 점'이 카피바라와 비슷했다.

그녀는 주변의 시시콜콜한 일에는 관심이 없었다. 조그마한 기척에도 상냥히 미소로 답하는 습관이 있었으나, 누구와도 쉽게 어울리지 않았다. 그저 거실 소파에 누워 책을 읽거나 음악을 들으면서 창밖을 바라보고 있었다. 이 멀고 먼 멕시코까지 여행을 와서. 그래서 그녀도 녀석처럼 혼자만 다른 세상에 살고 있는 것처럼 보였다. 나는 관심 없는 척 몰래몰래 그녀를 지켜보았다. 그녀는 정말 뭐랄까, 혼자만으로 이미 온전해 보이는 사람이었다. 웬만한 고독에 흔들리지 않을 것 같은 강인함이 느껴졌다.

드물긴 해도 종종 그런 사람이 있다. 오랫동안 몸에 익은 자신감 넘치는 눈빛을 하고, 다른 누군가가 자기를 어떻게 생각하든 두려움 없을 것만 같은 사람. 과거나 미래에 매몰되지 않고, 매일 매시간 매분을 자기 모습으로 사는 사람.

내게는 그런 사람이 그렇게 매력적이다. 같은 숙소에서 지내는 며칠 동안 나는 이미 그녀에 대한 호기심으로 마음이 일렁이고 있었다. 아침에 일어나 거실로 나올 때면 소파에 앉은 뒷모습만 봐도 가슴이 방망이질 쳤다. 그래서 정말 열심히 노력했다. 눈앞의 이 선명한 행복을 놓치고 싶지 않아서. 여러모로 서툴렀지만, 차근차근 마음을 다해 친절하게 대했다. 조금씩 관심을 표현할 때면 혹여나 불편하게 느낄까 애달픈 마음이었다.

짧지만 긴 시간처럼 보냈다. 그러나 세상에는 노력만으로 되지 않는 것도 많다. 애써 친해진 그녀가 웃으면서 건넨 짧은 한마디에 나는 마음을 접게 됐다.

"오빠 같은, 아빠가 있었으면 좋겠다."

아빠, 아빠라니.

그때는 그 한마디가 가슴을 어지간히 후벼 팠는데, 지금은 썩 창의적인 거절이었다고 생각한다. 나름의 재치도 있고. 그러니까 그건 좀, 잔잔히 흘러가던 내 인생에 '예상치 못한 급류' 같은 것이었으려나?

어찌 됐건 그것 또한 '흘러갔다'는 사실엔 변함이 없지만.

때로는 여행지에서 보게 된 것보다 그냥 내가 그 자리에 있었다는 사실에 기분이 좋아집니다.

풍경은 흘러가더라도 순간은 사라지지 않으니까요.

절벽 위의 표정들

에티오피아 A2 고속도로

종이컵에 담긴 인스턴트 블랙커피를 마시고 있었다. 높은 벼랑 끝 의자에 앉아 낡은 가드레일을 붙잡은 채로. 어깨는 맥없이 축 늘어져 있었다. 쾌청한 만추의 하늘이 있었고, 시간은 고요한 한낮이었다.

평원 끝의 먼 지평선을 응시했다. 밋밋한 풍경엔 야트막한 산도, 건물도 없었기 때문에 눈 둘 곳이 그것밖에 없었다. 위아래로 파란색과 황토색이 평행하게 칠해진 단순한 국기 같았다. 난간 아래로는 오직 낭떠러지였다. 수직까진 아니어도 꽤 가파른 각도로 깎여 있었다.

그때 누군가 내 뒷모습을 봤다면 세상에 안녕을 고하는 사연 많은 나그네처럼 보였을 것이다. 그런 침통한 분위기였다. 베란다에 까먹고 놓아둔 홍시처럼 잔뜩 문드러져 버렸다고 할까. 커피를 마시

{ 바위너구리 }
아프리카와 중동 산악 지대에 사는 소형 포유류. 발바닥이 푹신하고 점프력이 좋아서 높은 바위도 가볍게 뛰어오른다. 이름과 달리 너구리와는 전혀 관련이 없고, 오히려 코끼리와 유전적으로 가까운 동물이다. 그러나 생김새만 보면 설치류로 착각하기 쉽다.

고 한숨을 내쉴 때마다 '다 산 사람의 신음' 같은 것이 한 움큼씩 섞여 나왔다.

물론 뛰어내릴 생각은 없었다. 최후의 커피도 아니었다. 나는 그저 도로변 간이 휴게소에 내려서 잠깐 쉬고 있었을 뿐이다. 당시 내 여정은 이랬다. 에티오피아 중부에 위치한 수도 아디스아바바Addis Ababa에서 출발, 목적지는 북쪽 끝의 도시 메켈레Mekele. 에티오피아는 한국보다 11배쯤 넓은 거대한 나라이기 때문에 이 구간의 길이만 900킬로미터에 달한다.

세상에는 광폭한 길이 더러 있다. 잠시도 쉬지 못하게 혹독히 담금질하는 그런 길. 그날 내가 승합차를 타고 지나온 길이 바로 그랬다. 굴러가는 세탁기에 타고 있다고 느껴질 만큼 울퉁불퉁한 길이었다. 오는 동안 바퀴에 펑크 난 자동차를 여럿 봤다. 아예 전복되어 옆으로 누워 있는 버스도 있었고, 익숙한 일인 양 그 위에 조르르 앉아 있는 승객들도 보았다. 어쨌든 평범한 도로는 아니었다. 나는 세상이 흔들리지 않고 있는 것만으로도 감사했다.

그러나 편히 쉴 수 없게 되었다. 내가 앉아 있는 자리 옆으로 기사 아저씨가 다가와 앉았기 때문이다. 그것도 다정한 연인처럼 아주 딱 달라붙어 앉아서, 묵묵히 고요했던 절벽이 아저씨 숨소리로 가득해졌다. 짙은 양 눈썹이 이어지다시피 자라 있어서, 어딘가 덩치 큰 '프리다 칼로(멕시코의 여성 화가)'를 떠올리게 하는 아저씨였다. 조금은 부담스러운 인상이었다. 혼자 있는 내게 말을 걸어주려고 온 것 같지는 않았다. 나도 누군가의 눈동자에 서린, 내게 아무런 흥미 없는 눈빛 정도는 읽을 줄 안다. 그저 남은 자리가 내 옆자리 하나뿐이라 어쩔 수 없었다고 보는 게 타당하다. 다른 자리는 전부 일행끼리 삼삼오오 채워 앉았다.

사실 이런 일에는 익숙하다. 혼자 여행을 하다 보면 중년의 기사 아저씨와 억지로 짝지어지는 경우가 아주 흔하다. 다른 승객들이 먼저 뒷자리를 채우고 나면 조수석만 남게 되는 경우가 많았으므로. 때문에 나는 수학여행 가는 버스 안, 담임 선생님 옆자리에 앉는 소심한 학생처럼 어쩐지 조금은 수줍어하며 앉는다. 그러면 기사 아저씨도 담임 선생님과 마찬가지로, 자못 동정 어린 눈빛으로 나를 대한다. 시답잖은 농담을 던지거나, 땅콩 같은 먹을 것을 건네주기도 한다.

이럴 때 나는 늘 나이보다 더 어려지는 기분을 느낀다. 사람들은 종종 혼자 여행하는 나를 미아 보호소에 맡겨진 아이처럼 대한다. 특별히 볼 것 없는 외딴 시골 마을일수록 그렇다. '얘는 대체 무슨 사연이 있어서 홀로 여기까지 온 걸까?' 하는 측은함 때문인 것 같다.

하지만 그날만큼은 아저씨와 호의적인 관계가 아니었다. 먹을 것을 건네기는커녕 '날씨 참 좋네요.' 하는 의례적인 말조차 나누지 않았다. 사실 출발하기 전에 어지간히 께름칙한 일이 있었기 때문이다. 이 아저씨가 내게만 다른 승객들보다 두 배 비싼 요금을 요구했다가 금세 들통이 난 것이다.

그런데 나는 이런 상황에 제대로 항의하지 못한다. 성격상 그렇다. 해봤자 울먹울먹 억울한 표정을 짓는 정도다. 그날도 부당함을 토로하기 위해 나름의 노력은 했다. 열심히 미간을 찌푸려 가면서. 한데 아저씨는 조금의 머쓱함도 없는 얼굴로 당당히 말했다.

"너는 비싼 카메라를 들고 다니니까 돈을 더 내는 게 맞지."

예상치 못한 논리였다. 이렇게 억울할 수가. 내가 카메라를 자랑하고 다닌 것도 아니고. 하지만 마음속에서만 따질 뿐 입 밖으로는 꺼내지 못했다. 지금 생각하면 배짱 한번 두둑한 아저씨이지만, 그때는 묘하게 맞는 말처럼 들려 반박할 수 없었다. 이게 이곳의 논리인 건가 싶기도 하고. 나는 당황해서 점점 더 말을 더듬었고, 그럴수록 아저씨는 의기양양한 표정을 지었다. 정말이지, 울고 싶었다.

"아니 잠깐, 여행객이라고 그렇게 대하면 안 되지."

다행히 정의의 사도는 지구 어디에나 있다. 대화를 엿듣고 있던 다른 승객들이 하나둘 내 억울함에 동조해 주기 시작했다. 눈치 하나만은 빠른 편이라 나는 괜히 쭈뼛거리며 더욱 가련하고 애처로운 얼굴을 했다. 실은 해외에선 수염 없는 동양인 남자를 유독 어리게 보는 풍토도 알고 있었다. 그래서 기술적으로 어른들의 보호 본능을 자극했다. 그리고 그것은 통했다. 상황상 나는 날개 달린 순백의 천사가 됐고, 아저씨는 뿔 달린 사악한 악마가 됐다. 영악한 나는 속으로 '요호호!' 간사한 웃음을 지었다.

"아무리 돈이 좋아도 그렇게 살면 쓰나."

승객들은 아저씨를 노골적으로 비난했다. 인정사정없이 면박을 줬다. '이쯤이면 충분하지 않나' 싶을 정도로. 나중엔 공개적으로 망신당하는 아저씨가 조금은 불쌍해 보였다. 너므 과하게 힐난하는 것 같아 내가 다 민망했다고 할까. 어쩐지 나는 제 자식 감싸는 과격한 보호자 뒤에 숨어 우물쭈물하는 아이가 된 기분이었다.

결국 아저씨는 마지못해 내게 올라타라고 손짓했다. 배짱 좋던 표정은 말끔히 사라지고 자전거를 타다 날벌레라도 삼킨 표정을 하고선. 나는 멋쩍게 조수석에 올라탔다. 그리고 아저씨는 다섯 시간 내내 뚱한 얼굴로 앞만 보고 운전했다. 누가 보도 잔뜩 토라진 게 분명했다.

다시 절벽에서, 아저씨는 여전히 뻣뻣한 목석처럼 앉아 있다. 곁눈

질 한 번 하지 않았다. 어찌나 어색하던지. 온몸이 굵은 쇠사슬로 친친 감겨 있는 것처럼 영 불편하게 느껴졌다. 티 나지 않게 먼저 일어나 차에 가 있고 싶었지만 그럴 수도 없었다. 차 문은 잠겨 있었고 차 키도 아저씨가 가지고 있었기 때문에. 게다가 급히 커피를 마시고 일어난다면 정황상 '저는 당신이 참 불편하군요.' 광고하는 꼴이었다. 앞으로 얼마나 더 가야 할지도 모르는데, 언제까지 이렇게 불편해야 하나. 하는 수 없이 어린 내가 먼저 용기 내어 입을 열었다.

"쉽지 않은 길이군요. 그래도 이제 반은 왔겠죠?"

고개도 돌리지 않고 말했다. 최소한의 자존심이다.

"아니, 열 시간은 더 가야 해."

내 쪽을 보지도 않고 대답했다. 아저씨도 보통은 아니다.

"겨우 그것밖에 안 왔어요?"

하지만 이번엔 대답이 들리지 않았다. 애꿎은 내 마지막 물음은 묶지 않은 풍선처럼 허공을 떠돌다가 피슈욱 바람 빠지는 소리와 함께 절벽 아래로 추락해 버렸다.

말없이 시간이 뭉텅 썰려 나갔다. 지루한 풍경에 길 잃은 바람마저 코를 골았다. 서둘러 길을 재촉하는 사람은 아무도 없었다. 다들 험난한 여정에 지쳐 있던 모양이다. 아저씨는 주머니에서 종이를 꺼내 마른 담뱃잎을 말더니 성냥으로 불을 붙였다. 나는 담배 냄새를 싫어하지만 오히려 다행이라 느꼈다. 차라리 그게 덜 어색했다. 다행히 바람도 내 쪽으로 불지 않아서, 더는 아저씨를 신경 쓰지 않기로 했다. 아예 가드레일 밖 낭떠러지로 고개를 쑥 내밀었다.

그런데 그 아래, 절벽 한 중턱에 무언가 잔뜩 꾸물거리고 있었다. 난생처음 보는 동물이었다. 적어도 열댓 마리는 되어 보였다. 덩치는 씨알 굵은 고구마만 했고, 생김새는 거기에 장난감 눈 코 입을 붙여 놓은 모습이었다. 어디서 본 것 같은데 뭐였더라. 나는 그 익숙한 듯 낯선 동물에 호기심이 일었다.

녀석들은 비교적 완만한 바위에 걸려 있는 트럭 타이어 두 개를 거점 삼아 그곳에 사는 듯했다. 왜 그런 곳에 타이어가 있는지는 모르겠지만, 하여튼 세상엔 참 별의별 동물들이 다 있다. 녀석들은 유별날 정도로 뛰어다녔다. 단체로 우르르 몰려다니며, 절벽 끝의 바위에서 더 높은 바위로 펄쩍 뛰어다녔다. 장래 희망이 서커스 곡예사라도 되는 걸까 싶을 정도로.

나는 오래간만에 흥미로운 구경거리를 만나 신이 났다. 녀석들은 정말 갓 잡은 고등어만큼 팔팔 뛰어다녔다. 지친 기색이 전혀 느껴지지 않아서, 어쩌면 저들 머릿속을 장악하고 있는 자연법칙이 그렇게

명령하고 있을지도 모른다고 생각했다.

'뛰어, 뛰어넘어 버려! 고소 공포 따위는 나약한 인간들이나 겪는 것이지.' 하는 식으로.

한데 그런 모습이 한층 재밌는 건, 너석들은 전혀 잘 뛰어오를 수 있게 생기지 않았기 때문이다. 엉덩이와 배는 토실토실하게 부풀어 있고 다리도 몸에 비해 짤막하다. '어쭈, 살찐 고구마치고는 제법인데?' 생각하며 흡족하게 바라보았다.

"하이렉스(바위너구리)라는 놈들이야."

아저씨가 입가를 긁적이며 불쑥 말을 꺼냈다.

"처음 봐요, 저런 동물은."

그런데 그때, 새끼 한 마리가 착지를 잘못해 뒹구르르 굴렀다. 바위 아래로 떨어지지 않은 게 천만다행이었다.

"위험해 보이네요."

"아니지, 오히려 안전한 셈이지. 고작 저놈들을 잡으려고 절벽 밑까지 기어 내려갈 얼뜨기는 없거든."

이번엔 답을 할 수 없었다. 무시하고 싶었기보다는 살짝 당황스러웠다. 이렇게까지 진지하고 논리적인 대답을 바란 것은 아니었으니까. 더욱이 아저씨 말에 틀린 구석이 없어서, 졸지에 나는 조금의 깊이도 없는 사람이 된 기분이었다. 머릿속에서 생각이라는 걸 거치지 않고 내뱉는. 괜스레 민망해져서 턱과 볼을 만지작거렸다.

그런 와중에 새끼는 곧바로 훌훌 털고 일어나 다시 바위 위를 폴짝폴짝 뛰어다녔다. 그 모습이 왠지 아저씨 말에 동조하는 것 같아 조금 미웠다.

어쨌거나 별난 동물이다. 녀석들은 하나같이 예사롭지 않은 표정을 하고 있었다. 잔뜩 힘준 날카로운 눈빛과 세상을 비웃듯 살짝 올라간 입꼬리. 나는 그토록 배짱 두둑한 표정을 한 동물을 본 적이 없다. 눈두덩엔 불꽃 모양으로 자란 흰 털이 뜨겁게 이글거렸고, 잘 익은 올리브 열매를 닮은 코에는 야망이 번들거렸다. 여간한 담력 없이는 가질 수 없는 표정이다. 과연, 절벽을 뛰어다니고 살려면 저 정도 표정은 있어야 하는 법이구나. 저런 표정을 하고 망설이거나 주저하는 모습은 상상이 가지 않는다. 세상 무너져도 제 갈 길 가는, 그런 딴딴함이다.

바위너구리는 죽음 따위도 두려워하지 않을 것 같다. 근원적인 불안이나 후회 같은 건 눈곱만큼도 없는 표정을 하고 있으니까. 그런 성격이어서 저런 표정이 된 건지, 저런 표정이어서 그런 성격이 된 건지는 모르겠다. 어쩌면 포식자로부터 겁먹은 표정을 숨기기 위해 목숨 걸고 시크한 척하는 것일지도 모르고.

언젠가 다시 그 표정을 보고 싶을 때가 생길 것 같았다. 이유 없이 우울할 때나 중요한 선택 앞에서 용기가 필요할 때. 그래서 나는 카메라를 꺼내 줄을 손에 칭칭 감고, 조심스레 팔을 뻗어 녀석들을 찍었다. 엎드린 어미도, 그 위에 올라탄 새끼도 똑같이 그런 표정을 하고 있으니 조금 웃기기는 했다. 뭐가 저토록 비장한 것일까. 생긴 건 그냥 통통한 고구마 같은데 말이지.

"근데 말이야, 그거 얼마나 해?"
또다시 아저씨가 먼저 말을 걸었다.

단순한 질문이지만 대답하기엔 꺼림칙했다. 솔직히 카메라는 정말 비쌌다. 이 나라 물가를 생각하면 마치 외계에서 채굴한 광물로 만들어졌나 싶을 정도다. 아저씨는 고개를 돌려 말없이 빤히 내 얼굴을 바라봤다. 궁금해하는 느낌보다는, 답할 수 있을지 가늠하는 눈빛이었다. 짧게, 아주 짧게 세상은 고요했다. 나는 말끝을 흐리며 우물쭈물했다. 그러자 아저씨의 굳은 표정이 조금씩 움직이기 시작하면서, 눈에 익은 원래의 그 뻔뻔한 미소가 다시 떠올랐다. 눈으로는 나를 매섭게 노려보면서 입꼬리 한쪽이 쓱 올라가는. '내가 이겼다.' 말하는 듯한. 그러는 사이 아저씨가 벌떡 일어났고, 먼지가 풀썩 일었다.

승합차는 다시 아무것도 없는 평원을 달렸다. 여전히 성난 도로였지만, 전만큼 사납지는 않았다.

그리고 절벽 위의 휴게소를 떠난 이후로 내 옆자리의 뚱한 아저씨 얼굴도 사라졌다. 정확히 왜인지는 알 수 없지만, 기분이 한결 누그러진 듯했다. 어쨌든 다행이었다. 어색하지 않다면 조수석은 괜찮은 자리다.

그렇게 열여섯 시간을 달려 마침내 목적지에 도착했다. 험난한 여정을 마친 승객들 사이엔 일종의 전우애 같은 유대가 피어 있었다. 이제 각자의 길로 흩어질 시간. 나는 아저씨와 처음이자 마지막 악수를 나눴다. 애틋하거나 절절한 분위기는 절대 아니었다. 하지만 내 손에는 아저씨가 처음 불렀던 요금만큼의 팁이 쥐어져 있었다. 그러면서 이번엔 나도 사뭇 당돌한 표정을 지었다. 빳빳한 촉감을 느낀 아저씨 역시 그런 표정으로 답했다.

'아니, 이럴 거면 대체 왜?' 싶겠지만 사실 그리 비싼 금액도 아니었고, 사람마다 자기 방식이 있는지라.

뭐, 나도 그때그때 남과 내 기분을 전부 이해하고 사는 건 아니다. 그저 이해하는 것보다는, 이해한 듯한 표정을 짓는 게 훨씬 쉬워서 그럴 뿐. 분명 어떤 날엔 진심으로 그러는 편이 더 나을 때도 많다고 생각한다.

얼굴이 반사될 때마다 내가 지금 어떤 표정인지

체크하는 습관이 있습니다. 열에 아홉은 입꼬리에

힘을 줘서 쓱 올리게 되더군요.

안갯속 은밀한 사생활
◈ 페로 제도 미키네스 섬

우리 동네에는 내 나이보다 훨씬 오래된 책방이 하나 있다. 마음대로 지나다니기 무서울 정도로 통로마다 책을 산더미처럼 쌓아두고 파는 곳이다. 헌책을 모아둔 다락방의 나무 바닥은 예나 지금이나 삐걱대고 있는데, 지금껏 용케 내려앉지 않는 게 신기할 따름이다.

하루는 책방에 여행용 캐리어를 질질 끌고 갔다. 그리고 열심히 다락 구석구석을 뒤져 십 년은 족히 넘은 과월호 잡지들을 헐값에 잔뜩 주워 담았다. 이유인즉 작업실 책장 맨 아래칸에 쌓아두었다가 종종 쓸 거리가 생각나지 않을 때 뒤척여 보기라도 하려고.

너무 고전적인 방법이려나? 그런데 이게 실제로 도움이 된다. 이만한 보물찾기가 없어서 어쩌다 보니 보잘것없는 취미 중 하나로 자

{ 퍼핀 (코뿔바다오리) }
펭귄과 흡사하게 생겼지만 덩치가 훨씬 작고 날 수 있다. 화려한 부리와 우스꽝스러운 걸음걸이 때문에 '바다의 광대'라는 별명으로 불리기도 한다. 주로 북대서양 해안 절벽 꼭대기에 굴을 파고 살며, 가을과 겨울에는 육지를 떠나 건바다로 나간다.

리 잡았다. 그런고로 요즘의 나는 심심풀이 삼아 옛날 잡지를 읽는다. 최신 트렌드와는 거리가 멀지만, 오히려 그런 미묘한 투박함 덕분에 제법 빠져들어 읽게 된다. 무엇보다 정말 흥미로운 이야기는 세월과 하등 관계가 없는 것이고.

여느 날처럼 한가로이 시간만 축내고 있었다. 눈 내리는 주말 오전이었을까. 그날도 뭔가를 쓰긴 써야 하는데 마땅히 떠오르는 게 없어 잡지를 꺼내 들었다. 무려 12년 전의『내셔널 지오그래픽』이었다. 먼지를 툭툭 털어내고 의자를 뒤로 젖혀 읽기 시작했다. 한 장, 두 장, 슥슥 넘기며.

'귀여운 침입자들'이란 제목이 눈에 들어왔다. 생생한 컬러 사진도 함께 있었는데, 이끼가 잔뜩 낀 낡은 오두막 사진이었다. 그리고 그곳에 나 있는 개구멍에는 새끼 여우 한 마리가 빼꼼 밖을 내다보고 있었다. 밑에는 작은 글씨로 이렇게 적혀 있었다.

"핀란드에는 매력적인 별장이 꽤 있다. 사람들이 떠나고 나면 동물들이 그 집을 차지한다."

오래간만에 눈길을 끄는 기사였다. 처음 두 문장이 흥미로운 설정의 SF 소설 도입부만큼이나 매력적으로 느껴졌다. 자세를 고쳐 앉고 계속해서 읽어나갔다.

"아마추어 사진작가 카이 파거스트롬은 깊은 숲 속의 버려진 집 몇 채가 자아내는 황량한 분위기에 이끌려 이곳 오두막까지 오게 됐다. 깨진 창문과 문틈 사이로 안을 들여다보니 작은 발자국들이 찍혀 있었다. 빈집을 마치 제집인 양 무단 점유했던 주, 오소리, 그 밖의 야생 침입자들이 만든 흔적이었다.
빈 채로 다 쓰러져 가는 이 오두막을 둘러본 것을 계기로, 파거스트롬은 10년에 걸쳐 이곳에 사는 야생 동물들을 기록하게 됐다."

가위를 어디에 뒀더라. 기사를 다 읽기도 전에 스크랩부터 했다. 앙증맞은 침입자들 사진에 완전히 매료된 것이다. 기사엔 우울할 때 두고두고 꺼내 보고 싶은 사진들이 가득했다. 몇 장만 소개하자면 이렇다.

창가에 홀로 선 청설모는 허리를 곧추세운 채 바깥을 응시하고 있다. 어쩐지 수심 가득한 얼굴인데, '오늘따라 공기가 심상치 않아……' 하는 표정이다.

한편 난쟁이올빼미는 뭐가 마음에 안 드는지, 신경질적으로 한쪽

발을 탁탁 구르며 짜증을 내고 있다. 길가에서 마주쳤다면 못 본 척 지나가고 싶을 정도다. 쓸데없는 오지랖을 부리면 부리에 쪼이고 말 것이다.

또 유리창을 사이에 두고 대치하는 강아지와 들쥐도 있다. 얼굴 크기만 적어도 서른 배는 차이 나 보인다.

아아, 사진 하나하나 어쩜 이렇게 신비로운 것인지. 더욱이 숲속 안개가 창으로 스며들어 어슴푸레하고 환상적인 분위기를 연출해 냈다. 그야말로 절묘한 예술 작품이다. 이렇게 매력적인 동물 사진에는 신기할 만큼 인간적인 구석까지 있다. 아무런 의심 없이 찍힌 동물들의 모습은 마치 사람이 없을 때만 움직이고 말하는 〈토이 스토리〉 속 장난감들 같다.

나는 이런 사진을 찍은 파거스트롬이 진심으로 부러웠다.

하지만 파거스트롬은 말한다.

"가끔은 운이 좋을 때도 있지만, 대개는 밤새도록 기다려야 하죠."

나는 이 대목에서 크게 공감했다. '그럼, 그럼, 작은 야생 동물을 찍는 건 정말 쉬운 일이 아니지.'

그는 으레 이미지를 머릿속에 그려보고 사진 촬영을 계획한다고 했다. 완벽한 각도에 맞춰 사진기를 설치한 다음, 땅콩을 미끼 삼아 던져놓고 마냥 기다리는 식이다. 아무것도 모르는 야생 동물이 정확히 프레임 안으로 들어올 때까지. 일종의 잠복근무 비슷한 걸까? 특히 겁 많은 야행성 족제빗과 동물인 오소리를 포착하는 게 가장 어려웠다고 한다. 그는 모월 모시 모처에서 일어나는 그들의 '비밀 회동'을 찍기 위해 무려 4년을 기다렸다.

그러다 마침내 어느 여름밤, 오소리 일가가 벽난로 밑 굴을 통해 부엌으로 줄지어 들어오는 모습을 찍게 됐다. 나홀로 집 밖 사다리 위에서 열심히 원격 촬영 버튼을 눌러낸 덕에.

역시 동물의 은밀한 사생활을 찍는 과정이 간단했을 리 없다. 나 또한 길 위에서 무수히 많은 동물을 만났지만, 카메라에 담을 기회를 훌렁 날려 먹은 일이 한두 번이 아니다. 십중팔구는 찍을 자세를 취하기도 전에 전속력으로 달아나 버렸다. 아마 그들에게 나는 평온한 일상에 들이닥친 산사태였을 테다. 아니면 예의 없이 귀찮게 구는 파파라치 정도. 뜻밖의 환대를 받는 경우는 거의 없었다. 생각해 보면 카메라를 들어 올리는 자세가 공격적인 태도로 보였을지도 모르겠다. 흡사 수풀 속에서 숨은 발톱을 꺼내 드는, 앞발을 치켜든 표범처럼.

만약 내게 길쭉한 망원 렌즈가 있었다면 한결 수월했을지도 모른다. 멀리 바위 뒤에 숨어 찰칵 찰칵 하면 되니까. 하지만 그런 건 무거워서 들고 다니지 않거니와, 딱히 취향도 아니다.

그저 우연히 동물을 마주하는 순간에는 늘 두 눈으로 가까이서 보고 싶다. 그런 욕심에 조심스레 다가가게 된다. 길들여지지 않은 동물의 눈엔 사람을 끌어당기는 신비함이 있다.

내게도 파거스트롬만큼은 아니지만 꽤 열정적으로 찍은 동물 사진이 있다. 일전에 페로 제도Faeroe諸島를 여행할 때 찍은 퍼핀 사진이다. 퍼핀은 작은 펭귄처럼 생겼으면서도 어쩐지 억울한 표정을 한 새다. 수많은 동물 사진 컬렉션 중에서도 유독 애정이 가는 사진이다.

사실 내가 처음 퍼핀을 알게 된 곳은 아이슬란드다. 그곳에선 퍼핀 열쇠고리며, 엽서며, 인형이며 기념품을 흔하게 볼 수 있으니까. 알고 보니 지역 유명 인사였다고 할까. 그러나 당시엔 정작 살아 있는 퍼핀을 만나지 못해 마음속 작은 숙제처럼 남아 있었다. 그래서 몇 해가 흐른 뒤, 그 밀린 방학 숙제를 끝내러 페로 제도로 향한 것이다. 다시 말해, 고작 새 하나 보기 위해 떠난 비효율적, 비경제적 여행. 나는 확실히 그런 점이 낭만적으로 느껴졌다. 덕분에 내 지갑은 콜록콜록 지독한 감기에 걸렸지만.

그런데 페로 제도는 어디 있냐고? 아이슬란드와 영국, 노르웨이 사이 북대서양 외딴 바다 위에 있다. '제도'라는 명칭에서 알 수 있듯 작은 섬들의 모임인데, 전부 합쳐도 제주도보다 한참 작다. 인구도 고작 5만 명. 가장 높은 건물이 8층에 불과하고, '맥도날드'도 '스타벅스'도 없다. 그만큼 여러모로 독특하고 신비로운 곳이다.

　나는 떠나기 전, 퍼핀의 주요 서식지를 꼼꼼히 찾아두었다. 조사 결과, 페로 제도에서 퍼핀을 만나기 가장 쉬운 곳은 서쪽 끝의 미키네스Mykines라는 섬. 길이 약 8킬로미터, 폭 2킬로미터밖에 하지 않는 끄트머리 작은 섬이다. 상주하는 주민도 열 명이 채 되지 않는다. 지도를 잔뜩 확대해야만 겨우 보일 만큼, 숨겨진 보물섬 같은 곳. 내 목표는 오직 퍼핀을 만나는 것이었으므로 페로 제도에 도착한 지 얼마 되지 않아 미키네스로 향하는 선착장을 찾았다.

　오후 4시 20분, 정확히 예정된 시각에 작은 배가 도착했다. 승객은 나와 중년의 유럽인 부부 단 세 명뿐. 가는 데는 40분 정도 걸렸다.
　미키네스 섬은 전체적으로 기울어진 케이크의 모습을 하고 있다. 그러나 하얀 생크림 케이크는 아니고 피스타치오 케이크. 나무가 한 그루도 보이지 않고, 오로지 초록색 짧은 풀만 피스타치오 크림인 양 매끄럽게 발라져 있기 때문이다.
　나는 지붕이 푸른 잔디로 덮여 있는 동화 같은 집들을 지나, 섬 사무소로 걸어갔다. 마을의 유일한 카페이자 구멍가게로 이용되고 있

는 곳이었다. 비록 매대는 듬성듬성 비어 있었고, 마실 건 인스턴트커피와 코코아밖에 없었지만. 그곳에서 방문자 대장을 적고 캠핑 이용료를 냈다. 물론 그렇다고 아무 데나 텐트를 치는 것은 아니었고, 직원이 지정된 캠핑 장소를 알려주었다.

"길을 따라 하얀 교회를 지나고, 개울을 건너 마을 밖 언덕 위로 올라가다 보면 돌무더기가 있는 평평한 땅이 나올 거야."

나는 무슨 보물찾기라도 시킨 줄 알았다. 그런데 놀랍게도, 정확히 설명과 일치하는 자리가 있었다. 게다가 명당도 그런 명당이 없다. 텐트를 치기에 완벽한 푹신하고 고른 잔디, 아래로는 엽서 사진 같은 근사한 풍경이 탁 트여 펼쳐져 있었다. 스무 개 남짓한 마을 지붕이 한눈에 들어왔고, 그 너머로 망망대해가 끝없이 이어졌다.

세상에는 종종 현실이지만 판타지 영화처럼 느껴지는 장소들이 있다. 그곳이 딱 그랬다.

배낭을 내려놓고 텐트를 치기 시작했다. 내 몸 하나 간신히 들어갈 수 있는 회백색 1인용 텐트다. 배낭에 넣고 다니기 무겁긴 해도, 이런 순간을 위해 항상 가지고 다닌다. 폴대는 따로 없다. 카메라 삼각대를 펴서 대충 기둥 삼아 세운다. 그래도 모양새가 제법 잡혀가자, 그제야 실감이 났다.

'내가 진짜로, 사진으로만 보던 페로 제도에 왔구나. 고작 새 하나 보기 위해 이 먼 곳까지 고생해서 왔구나.'

이럴 때의 감정은 무척이나 미묘하고 복잡다단하다. 근처에서 주운 돌로 마지막 말뚝을 박는데, '깡깡' 하는 소리에 머릿속도 함께 울렸다. 기대? 설렘? 물론 그런 두근거리는 마음도 있었다. 하지만 가장 크게 자리한 건 미심쩍은 의심과 두려움이었다. '혹시 퍼핀을 보지 못하면 어쩌지?' 하는 생각에.

텐트를 다 쳤는데도 마음이 개운하지 않았다. 오히려 아무런 소득 없이 한국으로 돌아가게 될까 봐, 본격적으로 걱정이 밀려왔다.

'못 봐서 아쉽네. 다음에 또 오지 뭐.' 하며 가볍게 넘길 수 있는 일이 아니었다. 선을 넘어 멀리까지 와버리고 나면 등 뒤의 그림자가 훨씬 크고 뚜렷하게 다가온다. 벌써부터 실패에 대한 조롱이 귓가에 맴도는 듯했다.

사실 내 여행은 늘 이런 고민과 함께 시작된다.

'정말로 이 많은 시간과 돈을 들여서, 위험을 감수하면서까지 떠날 필요가 있는 것인지.'

떠나기 전의 나는 항상 현실적인 문제로 고민한다. 그곳에 가야만 하는 합리적인 이유를 찾으려 하고, 무엇이 이득이고 손해인지 하나

하나 따져보게 된다. 그래서 종종 흔들릴 때도 있다. 누군가 내게 '굳이 왜?' 하고 물을 때마다. 아니면 내 스스로 그런 질문을 던질 때마다. 끊임없이 이런 생각을 하게 된다. '돈도 안 되는 일에 돈 쓰는 게 아깝다. 흘러가 버릴 일에 시간 쓰는 게 아깝다.' 먹고사는 일에 신경 쓰고 살다 보면 그 외에는 모든 게 낭비처럼 느껴질 때가 있다. 명색이 직업 여행자로 사는 데도 그렇다.

오후 6시, 더 늦기 전에 퍼핀을 찾으러 가기로 했다. 검색한 정보에 따르면 이 섬에서 퍼핀이 자주 출몰하는 지역은 서쪽 끄트머리 절벽 위다. 퍼핀은 주로 그곳 꼭대기에 굴을 파서 산다고 되어 있었다. 그래서 나는 삼각대와 카메라를 둘러메고 언덕을 오르기 시작했다.

제법 가파른 오르막. 금세 마을이 작아져 갔다. 나무 하나 없으니 시야를 가로막을 것도 없었다. 이따금 고개를 돌려 뒤를 내려다보면 세상이 바다와 한 덩어리 작은 섬뿐인 게 너무도 비현실적으로 느껴졌다. 마치 우주선을 타고 다른 행성에 착륙한 것만 같았다. 세균이나 바이러스 같은 단어가 쓰인 적 없을 것만 같은, 세상 무해한 행성이다.

사람의 흔적이란 정말 아무것도 없었다. 가슴 뿌듯했다. 마치 이 웅대한 공간을 내가 막 발견해 낸 것 같아서. 나는 사뿐사뿐, 닐 암스트롱(인류 최초 달 착륙자)처럼 걸었다. 한 걸음 한 걸음, 인류의 위대한 발자취를 남긴다는 생각으로.

바람은 점점 더 세차게 불어왔다. 한데 꼭대기를 올려다보니 이런, 아까 배에서 내릴 때 봤던 갈매기 떼만 가득했다. 아니, 단순히 가득한 정도가 아니었다. 황혼의 박쥐 떼처럼 무섭다시피 하늘을 뒤덮고 있었다. 한편으론 다행이라 생각했는데, '갈매기가 저렇게 많으면 퍼핀도 몇 마리쯤 섞여 있겠지.' 하는 기대에.

그러나 돌연 수상한 직감. 정상에 가까워질수록 검은 실루엣들이 유난히 짧고 통통해 보였다.

그렇다. 애초부터 이곳에 갈매기는 없었다. 하늘의 검은 점들이 전부 퍼핀이었다.

'세상에, 퍼핀이 이렇게나 많다니.'

기분이 더할 나위 없이 좋았다. 어지러이 맴을 돌며 날고 있는 수천 수만 마리의 퍼핀 떼. 그 돌풍 같은 소란 속에 유일하게 두 발로 서 있는 나. 절벽 아래로는 시퍼런 바다가 요동치고 있었다.

기존 내 머릿속 세상에서 퍼핀은 좀처럼 보기 힘든 희귀한 새였다. 정말로 다큐멘터리 채널 같은 데서나 볼 수 있는. 그러나 막상 이 높은 곳에 오르고 나니, 이 근방에서 가장 특이한 생명체는 누가 봐도 나다. 온몸을 검은색 천으로 꽁꽁 싸매고, 찰칵찰칵 요상한 기계를 들고 다니는 덩치. 그렇지만 세상 누구보다도 행복한 덩치였다.

퍼핀을 실제로 보니 너무도 신기했다. 마치 만화 영화에서 튀어나온 장난감 같았다. 주황색 부리는 갓 뽑아낸 유광 플라스틱처럼 반짝였고, 눈매는 정교하게 그려 넣은 검은 아이라인처럼 또렷했다. 조금만 더 가까이서 보고 싶어 자연스레 욕심이 났다. 그래서 납작 엎드려 잔뜩 기척을 죽인 채 은밀히 기어갔다. 녀석들이 비행을 준비하는 절벽 끝까지.

옷이 더러워지는 건 아무런 상관없었다. 뻣뻣한 풀의 촉감이 옷을 뚫고 피부로 전해졌고, 땅에 닿을 듯한 코끝에선 안개에 젖은 흙 냄새가 진하게 느껴졌다. 그렇게 엎드린 채 가만히, 작은 프레임 너머로 녀석들을 봤다. 굴에서 나와 벼랑으로 뒤뚱뒤뚱 걸어가는 몸짓에 철저히 사로잡혀 버렸다. 점점 짙어가는 안개에 섞여, 어찌나 신비롭게 느껴지던지.

세상에는 분명 조심스레 다가가야만 만날 수 있는 존재들이 있다. 그들이 숨 쉬는 비밀스런 세계를 엿볼 때, 나는 다시금 떠올린다. 때때로 아름다움은 소란스러움 속이 아니라 고요하고 은밀한 틈 속에 숨어 있다는 것을.

다행히 녀석들은 나를 크게 의식하지 않았다. 되레 해 질 녘 공기를 즐기듯 유유히 날개를 정리하고 있었다. 나는 온몸으로 바람을 맞

으면서도 사진에 몰두하느라 시간 가는 줄을 몰랐다.

이번에는 날아가는 모습을 찍는다. 삼각대의 고정된 나사를 풀고, 녀석들의 움직임을 따라간다. 쉽지는 않다. 바람결처럼 유연한 비행을 한 번에 따라잡기란. 그러나 이것 또한 끝내주게 황홀한 경험이다.

세상에 바람 소리와 파도 소리, 카메라 셔터 소리밖에 없었다. 찡그린 한쪽 눈으로 바다와 하늘의 경계를 넘나들 때마다 무한히 자유로워지는 기분이었다. 그리고 그 산뜻한 기분이 가벼이 검지를 누르는 것만으로 나만의 작품에 담겼다.

그래, 나는 이런 순간을 위해 여행하는 것인지도 모르겠다. 아름다움에 열정적으로 몰입하는 순간은 무척이나 나를 행복하게 만든다. 하나도 아깝지 않다. 현실적으로 도움이 될지 안 될지, 그런 건 안중에도 없다. 그냥 인생이 즐겁고 사는 게 마냥 재밌다. 내게 여행을 하고 사진을 찍는 일은, 자연에 흩뿌려진 재료를 나만의 접시 위에 담아내는 놀이 같다.

예술이 나의 열정이 되면, 세상은 나의 놀이터가 된다.

숙소에서 꼼짝도 하기 싫은 날도 많습니다.

그 두꺼운 이불 같은 무기력을 슬며시 걷어주는 건,

언제나 멋진 사진을 찍고 싶은 욕망이었습니다.

꺾인 고개의 저승사자
⊕ 온두라스 코판

　엘살바도르 엘툰코El Tunco에서 온두라스 코판Copán까지 갔다. 고작 300킬로미터 남짓한 거리인데 꼬박 하루가 걸렸다.

　결코 쉬운 일정이 아니었다. 짧은 거리를 오래 이동하는 것만큼 고역스러운 일도 없으니까. 새벽부터 물어물어, 버스만 내리 일곱 번을 갈아탔다. 노선표도 없고 머리 받침도 없는 버스다. 사람이 꽉꽉 들어찬 게 닭장 같다고 하여, 그곳에선 '치킨 버스'라 부른다. 그 속에 들어가 있으면 정말로 양계장 암탉이 된 기분이 드는데, 썩 개운치만은 않은 기분이다.

　그렇게 식사 한 번 제대로 하지 못한 채 현지인들 틈바구니에 '낑겨' 국경을 두 번 넘었다. 엘살바도르 서부 해안에서 과테말라, 다시 과테말라에서 온두라스. 물론 이렇게 말해 봤자 머릿속에 지도를 바

{ 가면올빼미 }
납작한 하트 모양의 얼굴이 특징인 야행성 맹금류. 주로 쥐를 잡아먹고 살기 때문에 민가 근처에 서식하는 경우가 많다. 다만 섬뜩한 울음소리와 생김새 탓에 종종 '악마의 올빼미', 죽음을 부르는 새' 같은 불명예스러운 별명으로 불리기도 한다.

로 떠올릴 수 있는 한국인은 거의 없겠지? 마찬가지로 세상엔 남한과 북한을 헷갈려 하는 출입국 사무소도 많다. 먼 나라 자그마한 시골 국경일수록 그렇다. 때로는 그 단어 하나 차이를 구분하느라 시간이 배로 걸린다.

한데 국경만 넘으면 끝이냐? 그것도 아니다. 그쪽 동네는 대부분이 험난한 화산 지대 아니면 정글이다. 길은 제멋대로 꼬불꼬불하고, 차는 기어다니다시피 한다. 문자 그대로 '천신만고'. 천 가지 매운 것과 만 가지 쓴 것에 고통받은 하루였다.

나는 지칠 대로 지쳐버렸다. 옴짝달싹 못 하는 몸이 의식 전부를 마비시켜서, 엄동설한에 홀로 선 나무처럼 뻣뻣하게 굳어버렸다. 시원하게 쭉 뻗은 고속도로 위를 질주하는 차들이 눈앞에 아른거렸다. 결국 여정을 끝마쳤을 때, 시간은 이미 자정을 넘어 있었다. 무사히 도착했다는 것만으로 기적이었다.

다음 날은 숙소에서 정신없이 잤다. 침대에 눕기 위해 이 먼 곳까지 온 걸까 싶을 정도로 시체처럼 잤다. 화장실에 가려고 잠깐 깨어난 걸 빼면 종일 곯아떨어져 있었다.

그리고 오후 네 시 마침내 눈을 떴을 때, 숙소는 고요했고 세상은 멈춘 듯했다. 이 큰 지구에 나 하나만 남은 것 같은 기분이었다. 정적,

계속되는 정적. 나는 몸을 돌려 벽을 바라보고 누웠다. 배가 고파 더는 잠이 오지 않았다. 그러나 수렁 같은 침대와 철저히 하나가 되어버려서 도저히 몸을 일으킬 수도 없었다. 그래서 그냥, 초점 없는 눈으로 애꿎은 싸구려 벽지만 바라봤다. 군데군데 묻은 세월의 흔적들이 눈에 들어왔다.

'사는 게 뭘까?'

누워 있던 나는, 새삼 삶이 덧없다는 생각을 하며 저 혼자 심각해졌다. 그러고는 여전히 손가락 발가락을 움직일 수 있다는 것을 확인한 후 살짝 안심했다. 또다시 멍하니 벽지를 토다가, 온종일 잠만 자도 하루가 흘러간다는 사실에 괜스레 슬퍼졌다. 원래 잠을 오래 자면 사람이 어딘가 이상해진다.

거리로 나왔다. 배가 고프기도 했고 떠 있는 해를 잠시라도 봐야 할 것만 같았다. 침대 위 고민의 결론은 고작 그런 것이었다. 사람은 해를 보고 살아야 한다는 것. 다행히 해는 지평선에서 딱 두 뼘 정도, 적당한 높이에서 오늘의 마지막 햇살을 내리쬐고 있었다. 매일 반복되지만 놓치기 아쉬운, 마트 식품 코너의 마감 세일 같은 햇빛이다.

나는 사람들이 모여 있는 마을 광장으로 향했다. 마을이 워낙 작아서 몇 걸음 걸을 필요도 없었다. 식당을 찾아 두리번거리다가 길거리에서 닭고기와 옥수수를 굽고 있는 것을 보고 각각 두 개씩 주문했다. 거뭇한 숯불 위에서 노릇노릇 구워지는 모습에 잠들었던 식욕도 깨어났다. 옆에서 불그스름한 땅콩을 볶고 있기에 그것도 한 봉지 사서 공원 구석에 자리를 잡고 앉았다.

몇 시간 만에 먹는 따뜻한 음식인지. 어제 버스에선 온종일 비스킷 따위로 배를 채웠던 터라, 그렇게 반가울 수 없었다. 그래서 식사 예절 따윈 내던져 버렸다. 진공청소기가 커다란 털 뭉치를 꾸역꾸역 흡입하듯 게걸스레 먹어 치웠다. 사는 건 역시 먹기 위해서인 걸까 싶을 정도로.

식사를 마치자 완연히 생기가 돌았다. 물을 들이킨 화초처럼 금세 푸릇푸릇해져서, 그제야 눈앞을 가리고 있던 피로를 머금은 안개가 걷혔다. 주의 깊게 보지 못했던 마을 풍경이 또렷이 드러나기 시작했다.

코판은 도회적 분위기와는 거리가 먼 아주 작은 시골 마을이다. 자동차 대신 말을 타고 다니는 사람을 흔히 볼 수 있을 정도로, 시간은 먼 발치에 멈춰 있다. 또 빽빽이 자란 열대 식물이 웬만한 집보다 높이 솟아 있어 정글 한복판 같은 느낌도 있다. 그러나 이 정도 설명만으로는 부족한데, 코판 길거리에는 어딘가 주술적인 힘이 강하게 걸려 있는 것처럼 느껴진다. 여기저기 한가득 세워져 있는 기묘한 석상들 때문이다.

아주 먼 옛날, 대략 기원전 8세기부터 9세기까지 이곳 코판엔 마야 문명의 왕국이 있었다. 그것도 근방에서 가장 큰 규모와 영향력을 자랑하는 강력한 도시였다. 덕분에 고도로 발달한 문자 체계를 바탕으로 높은 수준의 문화 예술을 누렸다. 멸망의 원인은 전염병 등 복합적인 이유였다. 15세기 이후 스페인 정복자('콩키스타도르conquistador'라 부르지요.)들이 도착할 무렵에는 이미 황폐한 정글 유적으로 변해 있었지만, 지금까지 비교적 보존이 잘 되어 있다. 1,800개 이상의 상형문자로 마야의 역사를 새겨놓은 계단도 그대로 남아 있다.

이렇게 쓰니 좀 유식해 보이지요? 그러나 이 모든 내용은 마을 공원 안내판에 전부 적혀 있는 거다. 길을 걷다 무료해진 나는 그것을 찬찬히 읽어봤을 뿐이고. 어릴 땐 이런 걸 볼 때마다 아저씨들이나 읽는 거라고 생각했는데, 언제부턴가 굳이 다가가서 정독하게 됐다.

어쨌거나 그런 역사적 배경이 있는 이유로 마을에는 이런저런 조형물이 잔뜩 세워져 있다. 마야인들의 신화적 상상력을 잔뜩 품고서. 그리고 그것들에서 뿜어져 나오는 이상야릇한 기운이 눅진한 조청처럼 거리에 끈끈히 들러붙어 있다.

그래서 나는 때때로 흠칫했다. 대부분 조형물이야 '흐음, 뭔지는 몰라도 근사한걸.' 하며 무심코 넘길 수 있었지만, 그렇지 않은 것들도 분명 있었기 때문이다. 대표적으로 광장 정중앙의 덩치 큰 괴상한 녀석. 놈은 반으로 갈라진 가슴을 두 손으로 활짝 펴 보이고 있었다.

으으, 나는 이런 게 무섭다. 내 안의 냉혹한 야만성이 머릿속을 난도질해 놓는다. 심지어 가슴 내부, 그러니까 심장이 있어야 할 자리에는 눈깔이 뒤집힌 사람 얼굴이 박혀 있었다. 그것도 뺨에 아가미 같은 걸 달고서 입을 쫙 벌린 채로.

아마 살아 있는 사람의 심장을 꺼내 인신 공양하던 마야인들의 풍습과 연관이 있을 테다. 언젠가 에콰도르 유적에선 사람 얼굴 가죽을 장식물로 쓰는 것도 보았으니. 하지만 그 덩치 큰 녀석이 더 소름 끼치는 것은 으레 머리가 있어야 할 자리에 달린 것이다. 그곳엔 사람 얼굴이 아니라 엉덩이가 있었다. 그래, 그 실룩거리는 두 짝 엉덩이.

나는 공원 한복판에 서서 그 엉덩이를 한참 노려보며 다시 심각해졌다. 왜일까, 왜 사람 얼굴 자리에 엉덩이를 달아 놓았을까. 통상적으로 엉덩이는 허리 아래에 자리 잡고 있고, 아무리 마야인들이라도 그건 마찬가지였을 것이다. 그게 정상적인 엉덩이란 것이다. 결국 나는 석상에 담긴 심오한 의미(그런 게 있는지 모르겠지만)를 이해하지 못했다. 얼굴이 가슴에 파묻혀 있는 것은 그렇다 쳐도, 엉덩이 머리는 너무나 기이하다.

한데 이런 유의 모호함은 늘 두려움의 씨앗이 된다. 뚫어져라 엉덩이를 쳐다보던 나는 문득 께름칙한 기분이 들었다. 등줄기에서부터 슬금슬금, 어쩐지 자기 전에 떠오를 것만 같았다. 그래서 마을 밖까지 나갔다 오기로 했다. 소화도 시킬 겸, 그 거북한 기운으로부터 멀어지고 싶어서. 마침 마을 변두리, 우거진 나무들 사이로 좁은 길이 하나 있었다. 나는 그리로 조용히 걸어 들어갔다.

해 질 녘 오솔길은 노랗게 물들어 있었다. 다행히 나는 그 평화로움에 다시 기분이 좋아졌다. 이방인을 향한 마야인의 주술은 숲속까지 미치지 못하는 걸까. 하기야 따지고 보면 저녁 산책만큼 좋은 것도 없다. 시원한 밤공기는 후식으로 나온 레몬 타르트처럼 산뜻하다. 나는 휴대폰으로 잔잔히 배경 음악을 깔고, 숨을 깊게 들이쉬며 걸어갔다.

양쪽 길가 나무들 사이 열린 하늘로 엷게 흩뿌려져 있는 구름이 보였다. 두꺼운 파카 속 오리털만큼이나 보드랍게 찢겨 있었다. 진홍빛 노을을 빨아들이기 딱 좋을 정도로. 그래서 나는 위를 보고 걸었다. 번져가는 저녁놀을 따라 꽤 먼 거리를 지치지 않고 걸었다. 어제의 고생을 보상받는 느낌이었다. '사는 게 뭘까?' 같은 내면의 고뇌는 사르르 녹아 없어졌다. 엉덩이 석상의 아이러니도 더는 궁금하지 않았다.

'그런 것 하나하나 따지고 살기엔 피곤하다니까' 하고 마음을 고쳐먹었다. 역시 배부르고 멋진 하늘 아래 있으면 모든 고민은 맥주 거품일 뿐이다. 마셔 없애거나, 자연히 사라져 버리거나.

그러나 위기는 늘 예기치 못하게 어처구니없는 방식으로 찾아온다. 마치 한산한 골목길, 전봇대 뒤에서 튀어나와 자동차 범퍼에 들이받는 2인조 보험 사기단처럼.

당황스러운 일이었다. 도시 불빛에 익숙한 사람은 밤이 얼마나 급작스럽게 닥쳐오는지를 깜빡하곤 한다. 해가 뉘엿뉘엿 저물기 시작하더니, 눈 한 번 깜빡할 사이 세상이 까맣게 꺼졌다. 숲속의 어둠은 몹시도 성급한 놈이다. 녀석이 한껏 악다구니를 부리기 시작했다.

'이런 너무 늦장을 부렸나?' 하고 생각했을 땐 이미 늦은 후였다. 의지할 것은 립스틱 크기의 비상용 손전등 하나. 높이 뜬 초승달은 아무짝에도 쓸모없었다. 돌아갈 길을 떠올리자 눈앞이 더 깜깜해졌다. 나는 우선 휴대폰 음악부터 껐다. 이럴 땐 작은 기척을 숨기는 음악 소리가 더 무서운 법이다. 괜히 누군가 등 뒤에서 뚜벅뚜벅 따라오는 기분이 드니까. 한층 고요해진 숲속으로 을씨년스러운 바람이 불어왔다.

압도적인 적막. 한 걸음 한 걸음 조심해서 걸었다. 사악한 어둠이 뒤에서 채찍질했지만 그렇다고 달릴 수도 없었다. 손전등 불빛에 희미하게 드러난 숲길엔 수상쩍은 것이 너무도 많았으니까. 삐쩍 마른 팔처럼 툭 튀어나온 나뭇가지. 그 나무 껍질에 선명히 새겨진 이빨 자국. 대부분 내 상상 속에 존재하는 것이라 해도 말이다.

나는 정말이지 귀신을 끔찍이 무서워한다. 실제로 귀신이 있다고 믿는 것은 아니다. 그러나 내 머릿속 상상에는 별의별 귀신들이 존재한다. 놈들은 조금이라도 음산한 건더기만 보여도 마구 설치고 날뛰며 내 정신을 옥죄어 온다. 이른바 창조 공포. 때론 실체가 있는 공포보다 무섭다. 그런고로 나는 영화관에서 공포 영화를 본 적이 단 한 번도 없다. 나홀로 지구를 몇 바퀴 돌다 보니 나름대로 우여곡절을 겪었지만, 표를 끊고 공포 영화를 볼 생각은 추후에도 없다. 요컨대 배짱은 있어도 겁은 많은 사람이다. 스카이다이빙 따위 무섭지 않다. 번지 점프도 코웃음 치며 뛰어내릴 수 있다. 하지만 귀신은 죽어도 싫다.

그때 갑자기 나무 위에서 부스럭거리는 소리가 들렸다. 처음에는 작게, 그렇지만 예리하게 들려왔다. 절대로 기분 탓은 아니었다. 잔뜩 신경이 곤두선 내가 이런 걸 놓칠 리 없다. 나는 그 소리에 순간 등골이 오싹해졌다. 죽음의 차가운 혓바닥이 목덜미를 스윽 핥은 것 같았다. 이어서 곧, 생전 들어본 적 없는 기괴한 소리가 숲속 가득 울려 퍼졌다.

"끼예엑! 끼-예에에엑!"

도저히 글로는 표현할 수 없는 소리였다. 이 나간 회칼로 철판을 마구 긁어 대는 듯한 날카로운 소리. 누군가 불구덩이 속의 고약한 마귀를 깨운 것이 아닌가 싶었다. 그 무시무시한 울음에 숲속의 공기가 얼어붙었다.

언젠가 책에서 프랑스 브르타뉴 지방 민간 설화에 등장하는 '오페르 노즈'라는 귀신에 대해 읽은 적이 있다. 녀석은 어두운 밤, 깜짝 소리를 질러 지나가는 여행자를 함정에 빠뜨린다. 참으로 저열한 수법이 아닐 수 없다.

한데 마침 내가 그러한 상황에 부닥쳐 있었다. 오페르고 뭐고 재빨리 도망쳐야 하나 싶었다. 그런데 인간의 호기심이란 게 뭔지, 가끔은 두려움을 훌쩍 뛰어넘는다. 그 무책임한 호기심이 손전등을 들어 올려 나무 위를 비추게 했다.

보통 같으면 '에이 별거 아니잖아. 나도 참 약해 빠졌군.' 하고 씁쓸히 웃어넘겼을 이야기. 하지만 이번엔 심장이 덜컥 내려앉아 하마터면 손전등을 떨어뜨릴 뻔했다. 그곳엔 새하얀 가면올빼미가 앉아 있었다.

'아니이이, 겨우 올빼미라니요. 시시하다 시시해.' 하고 생각할 수도 있겠지만, 모르는 소리. 어두컴컴한 밤, 야생의 가면올빼미를 마주하는 것만큼 섬뜩한 일이 없다. 문제는 생김새다. 녀석은 흰자위가 보이지 않는 크고 동그란 눈동자를 가졌다. 칠흑같이 까맣고, 한없이 깊은 눈이다. 그 눈이 무섭도록 납작한 얼굴에 인형처럼 박혀 있다. 어떻게 얼굴에 입체감이 하나도 없을 수 있는 것인지.

그 때문에 어디를 보고 있는 건지, 어떤 표정을 짓고 있는 건지 아리송하다. 보통 동물은 으르렁거리면서도 내면의 불안을 숨기지 못하는 표정을 짓지만, 녀석에겐 그런 것도 없다 마치 감정을 숨기기 위해 일부러 새하얀 가면을 쓴 것 같다. 타고난 포커페이스다.

게다가 눈을 감으면 삐뚤어진 초승달 모양의 눈웃음을 짓는 것처럼 보이는데, 선의로 가득 찬 그런 웃음이 아니다. 가로등 뒤에서 조용히 미소 짓는 피에로를 보는 기분이랄까. 어딘가 음침하고 잔인한 속셈을 숨기고 있을 것만 같다.

하여간 그런 으스스한 녀석이 나를 주시하고 있었다. 그것도 하필 내가 지나가야 하는 길 나무 위에서. 상당히 좋지 못한 전개였다. 녀석이 인간 살코기에 관심이 없다는 것쯤은 알고 있다. 덩치도 내가 훨씬 크니, 별종만 아니라면 무리하게 덤비지도 않을 것이다. 그렇지만 혹시라도 또다시 비명을 지를까 봐 그게 겁이 났다. 그 파멸적인 소리를 바로 아래서 듣게 된다면 정말로 심장이 녹아 문드러질 지도 모른다.

나는 영 꺼림칙해서 녀석의 눈치를 살피며 슬금슬금 게걸음을 쳤다. 다행히 바로 밑을 지나가는데도 별다른 반응을 보이지 않았다. 녀석의 뒤통수가 보이기 시작했으니 모두 끝난 일이었다.

'히유' 안도의 한숨……. 그러나 나는 또 한 번 손전등을 떨어뜨릴 뻔했다.

스르륵, 녀석의 가면 같은 얼굴이 하늘을 향하더니, 어느새 각도가 허용 범위를 넘어섰다. 목이 백팔십도 휙 꺾여 버린 것이다. 말 그대로 해괴망측, 그로테스크 그 자체. 전신에 와르르 소름이 끼쳤다.

나는 펄쩍펄쩍 뛰어 달아났다. 물을 마시다 악어와 눈이 마주친 가젤처럼 부리나케 도망쳤다. 아아, 정말 너무 무서웠다. 그 꺾인 고개와 눈이 마주친 순간, 봐서는 안 되는 저승사자의 얼굴을 본 것 같았다. 어찌나 하얗고 창백해 보이던지. 그야말로 공포다 공포. 몽땅 공포.

원래 올빼미의 목뼈가 자유자재로 돌아간다는 건 알고 있다. 하지만 안다고 무섭지 않은 게 아니다. 그것이야말로 겁쟁이들의 필요조건이다.

마을에 들어선 나는 곧장 숙소로 돌아왔다. 뜨거운 샤워로 마음을 진정시키고 침대에 누웠다. 쉬이 잠이 올 것 같지 않았다. 온종일 잠만 잤으니 당연한 일이었다. 그러나 이번엔 문득 사는 게 뭔지 궁금해한다든가 삶이 덧없다는 표정을 짓지 않았다. 그보다는 이렇게 생각했다.

'온종일 잠만 자도 하루가 흘러가는 건 썩 괜찮은 일일지도.'

세상에는 내가 다시 태어났을 때 되고 싶지 않은 존재가 몇 있는데, 코판의 쥐도 조심스레 리스트에 새로 추가했다. 진심으로 그 가혹한 운명을 타고나긴 싫다. 녀석들이 느끼는 두려움은 일반적인 쥐들이 느끼는 것과는 결이 다른 공포일 것 같다. 골목 쓰레기통을 뒤지는 길고양이의 발톱쯤이야 귀엽게 느껴질 정도다. 상상해 보라. 날개 달린 야행성 포식자가 호시탐탐 목숨을 노리는 삶이라니. 그것도 어둠 속에 묻혀, 목이 꺾인 채로 내려다보고 있는. 그 오싹한 존재가 저공비행으로 날아오며 악마의 비명을 지르면, 강력한 발톱이 번쩍이기도 전에 기절하고 말 것이다. 이렇게 생각하니 코판의 쥐들이 불쌍하다.

녀석들도 딸린 식솔이 있을 테니 숨어서만 지낼 수는 없을 것이다. '내 오늘 기필코 빵 한 쪼가리라도 구해 오리다.' 하며 집을 나설 것이다. '까짓것, 험악한 세상살이 야무지게 살아야지 않겠소.' 처연한 눈빛을 하고 스스로 다짐할지도 모른다. 이른바 가장의 무게다.

그러나 일을 마친 매일 저녁, 온갖 음모가 도사리는 공포의 터널을 지나야만 한다. 녀석들도 나처럼 위를 보고 걷겠지만, 저녁 노을에 적신 구름을 보기 위함은 아닐 테다.

속으로 가슴을 쓸어내렸다. 이렇게 생각하니 나는 얼마나 평온한 하루하루를 살아가고 있는 것인지. 나 역시 이따금 요런조런 공포에 사로잡히며 살아가지만, 그것들이 실제로 나를 잡아먹거나 하지는 않는다. 결국 살면서 겪는 두려움 대부분은 스스로 상상 속에서 만들어낸 것이다. 실제로는 무엇 하나 내 털끝조차 건들 수 없다.

이제 보니 잠만 자도 굴러가는 내 인생, 완전히 남는 장사다. 치킨버스의 불편함이나 엉덩이 석상의 공포 따위는 얘기하기도 우스워졌다. 결국 두려움은 허상일 뿐이고, 사는 건 가만히 두어도 의외로 잘 굴러간다. 그제야 마음 편히 잠들 수 있을 것 같았다.

어떤 길로 가야 할까 고민할 때가 많았습니다.

그런데 보통은 가장 두려워했던 길이 맞는 길이더군요.

세상도 참 고약한 것 같습니다.

사바나 물웅덩이 발레단
⚜ 나미비아 오카우쿠에조 캠핑장

우크라이나의 수도 키이우Kyiv에서 이른 아침 조깅을 하다 극장 벽에 붙은 발레 포스터를 보았다. 마침 그날이 키이우에서의 마지막 날이었고, 전날 밤도 '아아, 따분해!' 하고 흘려보냈던 터라 곧장 '봐야겠다'는 생각이 들었다. 표 값은 어떻든 상관없었다. 새로운 일을 꾸밀 때 중요한 건 단숨에 치고 나가는 기세다. 나는 때때로 과감해지는 나를 보는 것을 좋아한다.

사실 이전에 발레를 본 적이 있거나 따로 조예가 깊은 것은 아니었다. 이실직고하자면 살면서 단 한 번도 발레에 흥미를 느껴본 적이 없다. 내게는 '익숙하지 않은 예술에 대한 막연한 장벽' 같은 게 있었다고 할까. 더구나 '발레' 하면 떠오르는 고고하고 엘레강스한 이미지가 워낙 낯설기도 하고.

{ 스프링복 }
아프리카 남서부 지역에 서식하는 영양의 일종. 가젤과 유전적으로 가까운 만큼 생김새도 비슷하나, 등부터 꼬리까지 이어지는 하얀 털이 특징이다. 스프링복이라는 이름은 용수철처럼 튀어 오르는 습성에서 유래됐다. 도약 시 최대 3미터 높이, 15미터 거리까지 될 수 있다.

어쨌든 마음속에 불어오는 허영심 반, '키이우는 발레가 유명하다니까' 하는 여행자의 의무감 반으로 발레를 보게 되었다.

그날 밤 공연은 〈백조의 호수〉. 다행히 차이콥스키 정도는 안다. 결과는 '언빌리버블! 브라보! 지루할 틈이 없었다.' 하고 말하면 새빨간 거짓말이다. 실은 여간 버티기 힘든 게 아니었다. 공연이 세 시간 가까이 이어진 데다 고질적인 집중력 부족 문제까지 있어서……. 그렇지만 군데군데 소름 돋는 장면들이 있었다. 주로 음악 소리가 커지고 사람들이 날아다니는 듯한 느낌을 받았을 때. 정확히 그 장면이 어떤 의미를 담고 있고 무엇을 표현하는 것인지는 전혀 알 수 없었다. 하지만 세상에는 분명 이해하지 않아도 본능적으로 느낄 수 있는 아름다움이 있다.

유연하고 도톰한 발등이 무대 위를 물고기처럼 헤엄쳐 다녔다. 무용수들은 힘껏, 그러나 너무도 쉽게 뛰어올랐다. 사람이 저렇게 가볍게 날아오를 수가 있다니, 나는 놀라면서도 부러웠다. 무대 아래에 중력을 감소시키는 특수 장치라도 숨겨둔 것 같았다. 그러고는 하얀 목련이 산들바람에 흔들리다 툭 떨어지는 것처럼, 그렇게 우아하게 착지했다.

다들 어찌나 몸이 가뿐해 보이던지. 틈만 나면 지표면과 평행해지려는 나와는 태생이 다르다 싶었다. 팔다리가 길쭉길쭉하고 얼굴도 작은데, 늘씬하고 날렵한 몸에는 멋들어지게 자리 잡은 근육이 가득했다. 명명백백히 나와는 다른 것을 먹고 자라온 인류 같았다. 혹시나 우연이라도 발레단의 무용수들과는 같은 공중목욕탕에 가고 싶지 않을 정도였다. 세상엔 이런저런 인간이 있는 법이지만, 아무리 그래도.

공연이 끝나고 숙소에 돌아와서는 발레에 대한 호기심이 뒤늦게 불타올랐다. 신문물을 접한 개화기 학자처럼, 인터넷으로 발레의 역사부터 위대한 무용수들까지 전부 찾아보았다. 침대에 누워 〈호두까기 인형〉과 〈잠자는 숲속의 미녀〉 공연도 감상했다. 이런 명작들을 게스트 하우스 이층 침대에서 볼 수 있다니 놀라운 세상이다.

그리고 다음 날 러시아 모스크바로 향하는 버스 안. 나는 발레리노를 꿈꾸는 가난한 탄광촌 소년이 나오는 〈빌리 엘리어트〉 영화를 휴대폰으로 보았다. 분명 이전에도 봤던 영화였지만 감회가 새로웠다. 그것도 열여섯 시간이나 걸리는 장거리 버스여서, 인상적인 장면을 계속해서 돌려 봤다.

'그 아이는 어쩌면 천재일지도 몰라.'

마초적이고 가부장적인 아버지가 빌리의 재능을 인정했을 땐 얼마나 많은 눈물을 흘렸는지. 그런 자존심 강한 아버지가 한밤중에 발레 선생님을 찾아가, 어떻게 해야 발레 학교에 보낼 수 있는지 묻는 장면도 코끝이 찡했다.

하지만 결정적으로 빌리가 입학 면접을 보게 된 장면. 춤을 출 때 무슨 기분이냐는 면접관 질문에 대한 빌리의 대답.

"모르겠어요. 그냥 기분이 좋아요. 조금 어색하기도 하지만, 한 번 시작하면 모든 걸 잊게 되고……, 모든 게 사라져요, 사라져 버리는 것 같아요.
내 몸 전체가 변하는 기분이에요. 마치 몸에 불이라도 붙은 것처럼요."

조금은 어리숙하지만 진정성 가득한 대답에, 나는 거의 고장 난 수도꼭지가 됐다. 마침 옆자리 거구의 아저씨가 자꾸만 내 자리를 침범해 오는 바람에, 어쩔 수 없이 모르는 아저씨 품속에 묻혀 꺼이꺼이 울었다.

다만 그날 이후, 아직까지 발레를 본 적이 없다. 그러니까 그게 처음이자 마지막 발레 관람이었다. 사실은 그때 그렇게 버스에서 우는 와중에 '언젠가 사랑하는 사람이 생기면 다시 발레를 보러 가야지.' 하는 뜨거운 다짐을 했기 때문이다.

"잠깐, 진심인가요?" 묻지 마시길. 당연히 방금 지어낸 핑계일 뿐

이고, 그냥 고질적인 게으름 탓이다.

그러나 '동물이 추는 발레'라면 본 적이 있다. 그것도 건조한 바람만 휑하니 불어오는, 아프리카 사바나 한복판에서.

나미비아Namibia에 있는 한 캠핑장에서의 이야기다. 차이콥스키의 교향곡은 없었지만, 황량한 평야 위에 차려진 무대치고는 제법 그럴싸한 공연이었다. 캠핑장 이름이 꽤 독특한데, '오카우쿠에조'였던가. 그곳 가장자리 돌담에는 특별한 목적이 있었다. 단순히 사람과 동물의 공간을 나누기 위한 울타리가 아니라, 물 마시러 웅덩이로 모여드는 야생 동물들을 가까이서 관찰할 수 있게 해두었다.

대강 이런 구조다. 돌담은 불과 오십여 미터 밖에 있는 물웅덩이를 중심으로 원호를 그리며 둥글게 쌓여 있다. 바깥에는 동물들이 넘어오지 못하도록 그물이 펼쳐져 있고, 캠핑장 안쪽으로는 특별할 것 없는 나무 벤치가 듬성듬성 놓여 있다. 요컨대 텅 빈 사바나 벌판에 어울리는 수수한 원형 극장이다.

공연 스케줄과 조명, 박수 소리는 없다. 차가운 병맥주 하나 들고, 묵묵히 동물들 사생활을 들여다보기만 하면 된다. 세상엔 그런 곳도 있다.

다양한 동물을 구경했다. 얼룩말과 기린, 누, 코끼리 등등. 나는 흘러내리듯 벤치에 반쯤 기대앉아 눈동자만 굴려 동물들 움직임을 쫓았다. 관객석이 무척이나 숙연했기 때문에 그 분위기에 이끌려서 꽤 진지하게 보게 됐다.

'그게 뭐 재미나 있으려나?' 하고 생각할 수 있다. '그럴 시간에 좀 더 의미 있는 일을 하지.' 생산적인 누군가는 빈정거릴 수도 있다. 그러나 이번에야말로 정말 지루할 틈이 없었다.

동물들의 자연스러운 움직임엔 말로 설명하기 어려운 신비로움이 있다. 아무래도 이곳 사정에 익숙한 동물들이다 보니 사람들 시선을 전혀 의식하지 않는 게 한몫한 것 같다.

자유롭게 물 마시고 목욕하고 저희끼리 장난치는 모습을 보았다. 유독 잘생긴 녀석이 있었고, 아무에게나 치근덕대는 녀석, 구석에서 혼자 조용히 땅을 파고 노는 녀석도 있었다. 동물 세계도 인간 세계만큼이나 제각각이구나.

어쨌건 참 좋은 경험이었다. 적당한 바람과 햇살도 좋았고, 무언가 지구에서 가장 평화로운 공연장에 온 기분이었다. 시간이 흐르며 돌담 안 캠핑장 풍경은 무관심 속에 사라져 버렸고, 욕심 없는 자연의 풍경만 남았다. 문득 몸 안에 행복한 바람이 불어와 두둥실 날아갈 것만 같았다. 이렇게 아름다운 풍경 속의 순간에 있으면 어떤 기분이 드는지. 나는 그 순간 나와 내 인생이 너무도 멋져 보인다. 손댈 수 없을 만큼 가슴이 마구 벅차오른다.

클라이맥스는 해가 내려앉으며 시작됐다. 정확히는 동물들 그림자가 어물쩍 제 키를 넘어설 무렵. 세상 뒤편의 거대한 컨베이어 벨트가 돌아가듯, 무대의 배경이 스르륵 바뀌었다. 실로 아름다운 석양이었다. 물웅덩이 바로 위까지 내려앉은 태양은 터질 듯이 부풀어 있었다. 외곽선은 뚜렷했고, 뿜어져 나오는 다홍빛은 과하다 싶을 만큼 선명했다. 웅덩이 역시 발갛게 물들었다. 붓을 담갔다 빼면 바로 그림을 그릴 수 있을 정도로.

해가 떨어지는 모습을 보며 마시는 맥주는 달다. 거침없이 술술 넘어간다. 이런저런 고민은 저녁놀과 함께 목구멍 속으로 흘러가 버리고, '행복이 뭐 별거냐?' 생각이 든다. 오르막 내리막 시소 같은 인생이지만, 그마저 감사하다고 느낀다. 이윽고 주변 공기가 절절히 달아오르는 것을 느꼈다. 그 아득한 기운이 팽창하는 맹그로브 숲처럼 급속히 퍼져 나갔다.

대부분 동물은 이내 어둠 속으로 아물아물 사라져 버렸다. 최후의 붉은 하늘과, 그것을 비추는 물웅덩이만 밝게 빛났다. 그 외에 남은 것은 물가를 따라 걷고 있는 동물들의 검은 실루엣뿐이었다. 오직 그 실루엣만이 근사한 그림자 연극처럼 남았다. 대부분은 줄지어 걷고 있는 스프링복 무리였다. 늘씬한 사슴처럼 생긴 녀석들은 낮 동안 워낙 흔하게 본 터라 딱히 흥미로운 동물은 아니었다. 적어도 놈들이 차례차례 하늘로 뛰어오르기 전까지는.

녀석들은 아주 느리고 천천히, 그러나 솟구치듯 가볍게 뛰었다. 잠시 공중에 머물다가, 궁둥이가 정확히 하늘을 향하며 앞으로 고꾸라지듯 떨어졌다. 그러고는 관절에 스프링이라도 단 듯, 다리를 뻣뻣이 편 채로 통통 튀어 올랐다.

이제껏 본 적 없는 훌륭한 점프였다. 마음속에서 절로 박수가 나왔다. 순하기만 하고 별다른 존재감 없던 누군가에게서 의외의 재능을 발견할 때가 있다. 그럴 땐 어쩐지 기분이 좋다. 뒤쫓는 사자도, 매복한 표범도 없었다. 그러니 그들은 분명 춤을 추고 있던 게다. 노을이 좋아서, 바람이 좋아서, 이유는 그걸로 충분하다. 때마침 거대한 시간의 밀물이 들판을 훅하고 덮어버려서 모든 장면이 더욱 느리게 보였다.

의심할 수 없는 아름다움이었다. 장담컨대 누구나 그런 로맨틱한 풍경 앞에서는 넋을 잃게 된다. 조용히 귓가어 속삭이듯, 잊고 있던

어린 시절 추억의 노래가 들려온다. 곱씹을수록, 그런 장면 속에 놓였던 인생의 순간은 얼마나 소중한 것인지. 아름다움은 평범하고 초라하게 느꼈던 것조차 특별하게 느끼도록 만든다. 그래서 사람의 삶이 단순히 시간을 이어 나가는 것 이상의 보람이 있다고 믿게 해준다.

그때, 떠나지 않고 캠핑장 벤치에 앉아 있길 잘했다. 버스에서 〈빌리 엘리어트〉를 보며 펑펑 울길 잘했다. 세상은 언제 어디서나 아름다울 수 있지만, 그렇게 진심으로 벅차오를 수 있는 순간은 흔치 않다. 또한 그런 운명적인 순간은 사라지지 않고 남는다. 마음속 곳간에 쌓아 놓을 땔감이 된다. 평소엔 잊고 살다가, 꼭 필요한 순간에 뜨거운 열기를 불어넣는다. 그 열기가 다시금 삶의 의지를 불태우고, 식은 열정을 끓게 한다.

그러니 사람이 사는 건 이러니저러니 떠들썩해도, 결국에는 나만의 아름다운 장면들을 모아가는 아주 단순한 과정일지도 모른다.

그저 잊지 않고 인생 구석구석에 아름다움을 잘 심어두기만 하면 된다. 그것이 여행의 풍경이건, 일상의 시간이건, 어떠한 희로애락의 순간이건 간에.

물론 그러려면 겉옷을 잊지 않고 잘 챙겨야겠지만.

인생은 바코드처럼 남습니다. 가장 아름답고,

가장 슬펐던 기억만이 선명히 새겨지죠.

마지막엔 아름다운 선이 더 많았으면 좋겠습니다.

물지 않는 상어

◈ 벨리즈 키코커 아일랜드

 괜스레 탐탁지 않아 거리를 두려는 사람이 자꾸만 친해지고 싶다고 들이대는 기분을 아시는지? 확실히 그런 기분이 유쾌하다고 할 수는 없다. 상당히 난처하면서도 찔리는 기분이다. 거듭 선을 긋는 내게 치졸한 도덕적 결함이 느껴진다고 할까. 심하면 죄책감 비슷한 것을 느끼기도 하고. 상대가 천진난만한 얼굴을 하고 있다면 더더욱 그렇다.

 일전에 나는 이런 기분을 물속에서 느낀 적도 있다. 그것도 육지에서 한참 떨어진 카리브해 위를 둥둥 떠다니고 있을 때였다. 더할 나위 없이 파랗고 아름다운 바다였다.
 투명한 파도가 일렁이면 반짝이는 물비늘이 수면 위를 꽃밭처럼 덮었다. 작은 물고기 떼가 주변을 빙글빙글 돌았고, 덩치 큰 가오리

{ 너스상어 }
열대와 아열대의 얕은 바다에서 발견되는 수염상어의 일종. 계속 헤엄쳐야 숨을 쉴 수 있는 대부분 상어와 달리, 바닥에 가만히 누워서도 호흡할 수 있다. 하루 대부분을 휴식하며 보내는 데다 성격까지 온순해, 일반적으로 '위험한 상어'로 인식되지 않는다.

와 바다거북도 근처에서 헤엄치고 있었다.

그러나 앞서 말한 난처함을 느낀 것은, 자꾸만 내 몸에 비비적대는 상어들이 우글거리고 있었기 때문이었다. 아니, 농담이 아니라 정말로.

짙푸른 여름빛이 완연했던 어느 날의 이야기다. 선착장에서 배를 타고 나설 때만 해도 별생각이 없었다. 이른 아침이었고, 아마도 잠이 덜 깬 탓이 컸을 것이다. 되레 들떠 있던 쪽은 선장 아저씨였다. 구릿빛 근육질 몸매에 주름 가득한, 전형적인 바다 사나이다. 아저씨가 선글라스로도 숨길 수 없는 싱글거리는 표정으로 말했다.

"(익살스럽게) 놀라지 말라고, 지금 가는 곳에는 물지 않는 상어가 가득하니까."

그런데 죄송하게도 전혀 놀라지 않았다. 나는 원체 리액션이란 게 없는 사람이라 아저씨의 능청스러운 연기를 주거니 받거니 하지도 않았다. 톰 크루즈를 닮은 상어가 있는 것도 아니고 알 게 뭐냐. 그저 열린 여행자의 자세로 '세상에는 물지 않는 죠스도 있는 거구나. 뭐야, 시시한걸.' 하고 심드렁히 받아들였다.

이윽고 엔진이 꺼지고, 배가 멈추자 귀가 한결 편안해졌다. 푸드덕

거리는 가마우지 날갯짓 말고는 모두가 침묵을 지켰다. 얕은 바다 밑엔 하얀 모래가 곱게 깔려 있었고, 물이 어찌나 맑은지 그대로 바닥이 관통해 보였다. 조개도 산호도 해초도 없어서 경치 좋은 호텔 수영장에 온 것 같았다.

하지만 정작 상어는 어디에도 보이지 않았다. '상어 비스름한 것'조차 없었다. 그래서 나는 선장 아저씨를, 시답잖은 농담을 좋아하는 허풍쟁이로 분류해 두었다. 적어도 토막 난 생선 미끼를 바다에 풀어 놓기 전까지는.

실로 어마어마한 광경이었다. 족히 스무 마리는 되어 보이는 상어 떼가 사력을 다해 돌진해 왔다. '뚜 둠, 뚜 둠' 하는 상어 전용 등장 곡이 울릴 새도 없었다. 덩치는 작았지만, 삼각형의 뾰족한 등지느러미는 제대로 달려 있었다.

그리고 아저씨는 자신이 한 말을 증명하듯, 허리를 숙여 바다에 손을 쑥 집어넣었다. 너무나도 갑작스러운 행동이었다. 나는 순간 아저씨가 미쳤다고 생각했다. 하지만 놀랍게도 기다리고 있었다는 듯 손등에 비비대며 반기는 상어들. 녀석들은 분명 '어루만지고 귀여워해 달라'고 앞다투어 애원하고 있었다. 좀처럼 흥분을 주체하지 못하고 격렬히 꼬리를 흔드는 강아지들 같았다.

나는 진심으로 '세상에는 리트리버 새끼처럼 행동하는 상어도 있구나.' 하고 감탄했다. 오래 살고 볼 일이었다.

아저씨는 어느새 기세등등한 표정이 됐다. 찰칵찰칵, 사람들이 사진을 찍어 대자 무척이나 자랑스러워했다. 흡사 초등학교 학예회 객석에서 "저 피터팬 꼬마가 우리 첫째입니다." 하고 속삭이는 학부모 같았다. 자기 일을 이만치나 사랑할 수 있다니, 거참 행복한 아저씨구나. 아저씨가 하얀 이를 드러내며 씨익 웃었다. 오래 쓴 가죽 소파의 그것과 같은 아저씨 주름은, 정확히 그 표정대로 접혀 있었다.

배가 멈춰 있으니 땀이 송골송골 맺혔다. 나는 침을 발라 물안경을 닦아내고 머리에 썼다. 천천히 배의 후미로 걸어가 텅 빈 바닷속으로 몸을 내던졌다.

"첨벙!"

짧은 파문이 일었다. 차가운 물결이 몸을 휘감고, 이내 수정처럼 맑은 물속에서 눈을 떴을 때…… 어느새 코앞으로 다가온 상어가 고개를 갸우뚱하고 있었다. 마치 진득한 키스 세례라도 준비하고 있는 것처럼.

그 순간 머릿속에서 '물지 않는'이란 단어가 까마득히 증발해 버렸다. 오로지 '상어'만 남았다.

계속해서 상어들이 품속에 파고들었다. 까슬까슬한 가죽이 허리며 엉덩이며 할 것 없이 맨살에 강렬히 닿았다. 난생처음 느끼는 아찔한 감촉이었다. 자기들 딴에는 장난 삼아 간지럽히는 거였겠지만, 솔직히 나는 무서웠다. 종종 귓가에서 죽음의 콧김을 느껴야만 했으니까. 만약 녀석들이 돌고래나 해달이었다면 '그러 얼마든지 날 갖고 놀아라. 다만 끝나고 제자리에만 갖다 놔.' 하고 생각했을 것이다. 하지만 이건 누가 봐도 이빨 달린 상어였다.

혹여나 녀석들을 실수로 치게 될까 봐 선뜻 팔다리를 휘젓지도 못했다. '야야, 귀찮게 하지 말고 딴데 가서 놀아!' 하는 시건방진 태도도 보일 수 없었다. 그저 물을 머금은 스펀지처럼 얌전히 떠 있어야만 했다. 돌이켜 보면 꽤 자존심 상하는 일이다. 무시무시한 귀상어나 백상아리도 아니고, 겨우 이런 시시한 상어에게 겁을 먹다니. 덩치도 내가 두세 배는 컸을 터인데.

그래도 궁색한 변명을 하자면, 물 밖에서의 용기와 물속에서의 용기는 아주 다르다. 사람이라면 누구나 바닷속에서 한없이 나약해질 수밖에 없다. 본디 망망대해란 그런 곳이다. 기본적으로 인간에게 홈그라운드가 아니다. 아가미 없는 동물이 언제든 익사해 죽을 수 있는 곳이고, 시속 백 킬로미터의 어뢰처럼 돌진하는 거대 다랑어와 충돌할 수 있는 곳이다. 비록 희박한 확률이겠지만.

어쨌든 바닷속에서 상어와 헤엄치고 있는 것은 들판에서 굶주린 승냥이를 마주치는 것과는 차원이 다르다. '타이밍 봐서 눈을 찌르고 부리나케 도망쳐야지.' 따위의 무모한 생각은 전혀 할 수 없다.

나는 그야말로 철저히 무장 해제된 반란군처럼 의지가 완전히 꺾여 버렸다.

"이봐! 그놈들 절대로 물지 않는다고. 그렇기 긴장할 필요 없어!"

그때 아저씨가 사람 좋은 목소리로 외쳤다. 물속에서 굳어 있는 나를 지켜보고 있었나 보다. 이제 보니 착한 아저씨다. 하지만 나는 빈정거리는 염세주의자처럼 '이봐 아저씨, 세상에 절대라는 건 존재하지 않아.' 하고 속으로 대꾸했다. 아무래도 못돼 먹은 건 내 쪽이다.

어쩔 수 없었다. 당시 물속의 나는 의심에서 비롯된 껄끄러움으로 똘똘 뭉쳐 있었다. 형상화된 불신 그 자체였다. 상어의 외모에서 공포심을 느낀 것은 아니었다. 오히려 강아지처럼 구는 게 꽤 귀엽다고 생각했다. 그럼에도 내가 믿지 못한 건 그들의 '겉모습'이 아니라 그 밑에 도사리고 있을 원초적 본능이었다. 어쨌든 상어는 상어였으니까.

머릿속에 온갖 시나리오가 연달아 펼쳐졌다. 이를테면 아직 철이 덜 든 상어가 있어서 돌연 장난기가 발동해 내 엄지발가락을 물어버리는 상황. 혹은 짝짓기에 실패하고 감정 통제가 안 되는 '비운의 상어' 등장. 인간 세상에도 흔한 일이니 상어라고 얼마나 다를까. 심지어는 공감 능력이 떨어지는 '사이코패스 상어'가 있을지도 모른다고 생각했다. 단순히 살아 있는 고깃덩이를 물어뜯는 데서 일종의 살아 있다는 쾌감을 얻는 그런 잔혹한 상어가.

 그런 극적인 풍경들이 머릿속을 스쳐 지나갔다. 피범벅이 된 상어 주둥아리. 단면이 으스러져 바다 깊은 곳으로 가라앉는 사람 다리. 존 싱글턴 코플리의 그림 '왓슨과 상어'에 묘사된, 삼켜지기 직전 인간의 공포 서린 눈빛까지. 사람은 두려움 앞에서 누구나 예술가가 된다.

 그렇게 이십여 분쯤 흘렀을까, 무사히 배 위로 올라왔다. 다행히 불상사는 벌어지지 않았다. 이제 계속해서 다음 포인트로 이동할 시간. 한데 녀석들은 못내 아쉬운지 물보라를 일으키며 떠나는 배를 한참이나 따라왔다. 제발 가지 말라고 낑낑대는 신발장 앞 강아지들처럼 보였다. 그 모습에 어찌나 애잔함 마음이 들던지.

 이렇게 순수한 녀석들을 잠시나마 의심했다는 게 미안했다. 마치 내가 녀석들을 잠재적인 나쁜 상어들로 만든 것 같았다. 나를 보호하려는 본능이 심연으로부터 이기적인 마음을 끌어 올린 것일까? 특히나 안아 달라는 몸짓을 보며 '사이코패스' 운운한 것은 정말이지 너무했다. 언젠가 녀석들이 진상을 알고 '완전 인간 말종이네.' 하고 수군덕거려도 유구무언이다.

하기야 이런 내적 성찰도 물 밖이니까 할 수 있는 것이려나? 뒤늦게 사과해 봤자 무슨 의미가 있으리.

툴툴대던 모터 소리가 멎고, 다시 해변가에 닿았다. 백사장 모래알은 여전히 눈부시게 반짝이고 있었다. 나는 맨발로 알알이 그 감촉을 느끼며 천천히 그늘로 걸어 나왔다.

그나저나 '물지 않는 상어'라는 말. 어딘지 모르게 미스터리한 느낌이 있다. '소리 없는 아우성' 같은 묵직함도 있고 근사하다. 해산물 레스토랑 이름으로는 좀 어색하지만(상어 고기를 판다면 모를까), 단편 추리 소설 제목으로는 꽤 그럴듯하다.

이를테면 이런 식의 이야기.

'수족관에서 일하며 정체를 숨기고 사는 연쇄 살인마.
어느 천둥 치는 밤, 갑작스런 정전과 함께 마침내 본색을 드러낸다.
푸른 조명 아래 물먹은 구두 소리가 절벅이며 다가오고, 통유리 수조는 점점 시뻘건 피로 물들어가는데……'

뭐, 대충 이런 내용의 끔찍한.

그렇지만 이런 얘기 또한…… 상어에게는 실례겠지요?

누군가를 내게 가장 위협이 되는 쪽으로 상상한 뒤,

슬그머니 악역으로 만드는 습관이 있습니다.

현상금을 탈 것도 아닌데 참 부지런하죠.

차를 훔친 것처럼

◆ 나미비아 남서부 나미브 사막 지대

붉은색의 황폐한 땅, 맹렬한 모래 폭풍이 깎아낸 사구와 칼날처럼 우뚝 솟은 바위만 듬성듬성 있는 곳.

길은 오직 하나.

나는 그곳에서 남쪽으로, 남쪽으로 끝없이 달렸다.

우악스럽고 거대한 사륜구동 지프의 운전대를 꽉 움켜쥔 채.

고민 없이 미련 없이 그렇게 달렸다.

황야를 지나면 황야가 나왔고, 지평선 너머엔 또 다른 황야가 펼쳐졌다. 맑게 갠 하늘엔 구름 한 점 없었다. 무한대로 영영 반복될 것만 같은 공간이었다. 세상이 핵전쟁으로 파괴되면 이런 모습일까? 활기찼던 모든 것이 한 줌의 모래로 바스러진 느낌이다. 이토록 철저히 메

{ 겜스복 }
사막의 개척자. 아프리카 남서부에 서식하는 덩치 큰 영양의 일종. 장시간 물을 마시지 않고 생활할 수 있을 만큼 건조한 환경에 적응했다. 볼트처럼 나사선이 있는 길고 발달된 뿔을 가졌다. 흰 얼굴 위로 그려진 검은 문신 모양의 무늬가 특징이다.

마른 이 땅은, 아프리카 나미비아의 '나미브 사막Namib Desert'. 지구상 가장 오래된 사막이자 '나미브'라는 이름조차 이곳 원주민들의 언어로 '텅 빈 곳'을 뜻한다.

조지 밀러 감독은 이곳에서 〈매드 맥스〉 영화를 찍었다는데, 과연 종말 이후 황폐해진 세상을 그려내기에 알맞은 곳이다. 이런 황무지라면 누구나 '살아남기 위해' 달리고 싶어진다.

'세상은 이렇게나 넓구나. 사람은 티끌만 한 먼지일 뿐이구나.'
도시에선 건물로 막힌 좁은 시야에 속아 종종 잊고 살게 된다. 이곳엔 가로막을 것 하나 없었다. 오로지 바람만 있었다. 더구나 그 거대한 바람마저 등을 떠밀며 앞으로 나아가라 재촉했다. 나는 힘껏 액셀러레이터를 밟았다.

속도가 붙을수록 차체가 강하게 요동쳤다. 아예 창문을 활짝 열어놓고 달렸다. 모래 알갱이 섞인 바람이 모질게 뺨을 때렸다. 이쪽 문으로 들어와 저쪽 문으로 빠져나갔다. 하지만 의식은 날아올라 창공을 떠다녔다. 드라이브란 역시 어설퍼도 자유롭기만 하면 제맛이다.

기운이 펄펄 넘쳤다. 겁날 게 없었다. 적재함 냉장고에는 며칠 먹을 식량과 물이 잔뜩 들어 있었다. 이런저런 캠핑 장비도 부족함이 없었고, 지붕 위에는 튼튼한 텐트도 설치되어 있었다. 넉넉한 기름통이 두 개였고, 비상용 새 타이어도 달려 있었다.

정말이지 머릿속 로망 그대로다. 나는 살면서 꼭 한 번, 자유로이 발길 닿는 대로 질주해 보고 싶었다. 그리고 지금 그것이 실현되고 있었다. 길이 있었고, 내가 있었다. 고민은 모두 지평선 너머 아득한 일이 되어버렸다.

'과연 살맛 나는 세상이야.'

느낌대로 만끽하는 인생엔 통쾌한 즐거움이 있다.

그렇게 한참을 달리던 도중 음악을 꺼버렸다 멀리서 무언가를 발견했기 때문이다. 창문을 내린 채 천천히 속도를 줄이며 다가갔다. 곧 시동을 끄고 길 위에 멈춰 섰다. 세상이 조용해졌고, 차 옆으로 커다란 젬스복 한 마리가 다가와 있었다. 손만 뻗으면 닿을 거리에.

나는 마른침을 꿀꺽 삼켰다. 성질 고약한 놈이라면 큰일이었다. 내 몸 안위야 둘째 치고, 빌린 차에 흠집이라도 내던 다 돈이다. 순간 '녀석이 돌진하면 어쩌지?' 하는 우려가 스쳐 지나갔지만, 다행히 공격성은 없어 보였다. 이따금 겁먹은 야생 동물에게 나타나는, 최후의 반격 태세도 보이지 않았다. 그제야 긴장이 풀어지며 살짝 몽롱한 기분이 들었다.

'별일이네, 이런 땅에도 이렇게 덩치 큰 동물이 사는구나.'

여긴 정말로 생명의 기운이라고는 찾아볼 수 없는 장소였으니까. 푸석한 모래와 무참히 풍화된 바위, 바짝 마른 갈색 풀포기가 전부였다. 흡사 개척 시대 서부극을 떠올리게 하는 곳이었다.

하지만 녀석은 이런 열악한 환경쯤 가소롭다는 듯 억센 숨소리를 냈다. 그리고 숨을 내쉴 때마다 앙상한 갈비뼈 윤곽이 선명히 드러났다. 비옥한 목초지의 튼튼한 동물들과는 사뭇 다른 모습이어서, 밥도 먹지 않고 물도 마시지 않을 것처럼 보였다. 어쩌면 제 죽음을 예견한 듯 보이기도 했다. 얼핏 보면 산송장이나 다름없었다. 그렇게 보인 건 황야를 가득 메운 삭막함 때문이었을까. 글쎄, 묘하게 '죽음의 사신'처럼 생긴 탓이 더욱 컸을 것이다. 녀석은 음침한 쪽으로 꽤나 개성 있는 모습을 하고 있다.

머리엔 심장도 꿰뚫을 까만 뿔이 곧게 뻗어 있다. 머리 길이보다 두세 배는 길어 보이는 뿔인데, 표면에는 나사선처럼 빙글빙글 홈이 파여 있다. 또 하얗게 분칠한 얼굴엔 검은 먹으로 으스스한 문양을 그려 놨다. 얼핏 보면 검은 눈물을 흘리는 석고상 같아서, 어딘가 불길한 느낌이 있다.

예사롭지 않았다. 나는 그 스산한 겉모습에 이끌려 한참을 빤히 쳐다봤다. 녀석도 내 시선을 피하지 않아서, 우리는 거의 이마를 맞대다시피 하고 서로를 지그시 바라봤다. 녀석의 말그스름한 눈동자에 굴절된 내 얼굴이 가득 찼다.

황무지 태양 아래 벌어진 영문 모를 눈싸움. 남아도는 게 시간이었을 뿐, 명분은 없다. 있는 쪽이 더 이상하다. 하여간 나는 녀석의 눈동자에서 속마음을 읽어내려 했다. 내 딴에는 일종의 독심술 연습이라 할까. 당연히 잘되지는 않았다. 거기에는 쓸데없는 짓을 하고 있는 흐리멍덩한 눈의 동양인밖에 없었다.

하지만 녀석은 달랐다. 녀석은 보이지 않는 것도 들여다볼 것 같은 강인한 눈을 하고 있었다. 어째서인지 결핍에서 정진하는 수행자의 눈빛을 떠올리게 했다. 황폐한 사막이 녀석의 눈을 그렇게 만든 걸까? 그 두 눈으로 내 눈동자 너머에 감춰둔 내면을 곧이곧대로 투시하는 것처럼 보였다.

괜스레 찜찜한 기분이었다. 순간 나라는 인간의 실체가 적나라하게 드러난 기분. 그럴싸한 말로 자신을 포장하고 살아가는 사람이 느끼는, 양심의 가책 같은 게 생겨났다.

거친 야생의 동물을 마주하는 경험은 때때로 이렇다. 가식이나 위선 같은 필요 이상의 '겉치레'가 하등 쓸모없는 곳이라 그런지, 모든 에너지를 오로지 삶을 지탱하기 위해 쏟아붓는 순수한 생명력이 느꺼진다. 그리고 그 정직한 무구함이 사람을 부끄럽게 만든다. 지금껏 무언가 중요하지도 않은 것에 너무 많은 에너지를 쏟고 살았다는 생각이 들게 한다.

느릿하게 시간이 흘렀다. 이마를 타고 찔끔 땀이 흘러내렸고, 나는 여전히 놈을 바라보고 있었다. 녀석의 삶이 어떨까 생각해 보았다. 이런 척박한 땅에 태어나 평생을 사는 것은 제아무리 동물이라도 쉬울 리 없다. 고독하겠지? 분명 고독할 것이다. 이루 말할 수 없을 정도로. 있는 것은 말라가는 물과 최소한의 풀, 달려도 끝나지 않는 불모지뿐이니까.

어쩌면 이곳 동물들은 모두 위대한 철학자일지도 모른다. 아니면 감정 없는 모래바람 그 자체가 되어버렸다든가. 그렇지 않고서야 삶이라는 그 기나긴 인고의 시간을 어떻게 버텨낼 수 있을까. 생명력이란 참 신기한 것이다. 어떠한 환경에서도 필사적으로 살아 있게 한다는 것이. 황야의 젬스복도, 북극의 바다코끼리와 늪지대 갯지렁이도 제각각 저마다의 이유로 삶을 지탱하게 만든다. 동물도 인간만큼이나 '죽지 말아야 하는 이유'를 품고 사는 것일까? 아니, 단순히 태어난 게 이유일지도 모른다. 생명이란 건 태어났기 때문에 사는 것이다. 그 외의 다른 이유는 전부 부수적이다.

나는 내게도 그토록 살아남으려는 욕심이 있는 것인지 생각해 보았다. 당연히 있긴 있을 것이다. 하지만 나는 내가 가진 생명력이란 게 어떤 형태인지 잘 모른다. 그것은 시시로 끓어오르는 다른 욕망들보다 덜 구체적이기 때문이다. 사람이 살고 싶다는 생각을 하는 것은 흔한 경험이 아니고, 평소엔 굳이 살아남으려 하지 않아도 살아 있는 것이니. 그렇지만 이것 하나만은 분명했다. 불고- 조금 전에 나는 살아 있음을 강하게 실감하고 있었다. 살아 있는 지금 이 순간을 필사적으로 채워 넣고 싶었다.

다시 바람이 불기 시작했다. 몹시 거칠지만 경쾌한 바람이었다. 나는 그것이 귀로 들어와 단숨에 심장을 휘감고 지나가는, 그 기분을 또 한 번 느끼고 싶었다.

그러니까 나는 다시 달리고 싶어졌다.

훔친 것처럼 차를 세차게 몰았다. 세상이 온통 내 속도에 맞춰 움직였다. 전지전능한 힘을 얻은 것만 같았다. 발에 주는 작은 힘으로, 굉음을 내는 이 톤 쇠붙이가 사납게 돌진했다.

모래 먼지가 자욱하게 일어나 지나온 길은 전혀 보이지 않았다. 그래서 나는 오로지 앞만 보고 달렸다. 따끔한 긴장이 혈관을 타고 돌기 시작하면서, 작은 자극에도 흥분을 억누를 수가 없었다. 음악 소리를

키워 배기음을 덮어버렸다. 'AC/DC'의 'Highway to Hell' 같은 노래들을 들었다. 올드한 감이 있지만 그것대로 좋았다. 그냥 한껏 거칠고 투박하게 달리고 싶었다. '나약한 것들 따위 전부 모래바람에 묻혀 날아가 버리라지.' 하는 마음으로 달렸다.

기분이 어찌나 좋던지. 더없이 좋았다. 실로 짜릿한 고독감이 온몸을 채웠다. 홀로 남겨지는 것이 두렵지 않았고, 은밀히 위협해 오는 부정적인 생각은 바퀴로 우적우적 으깨 버렸다.
'내가 이리도 강한 사람이었나?'
마음속 깊이 감탄했다. 나는 늘 텅 빈 공간을 가로지르며 움직이는 것에 매료되곤 하는데, 황야에서는 그게 나았다. 오직 나만 그렇게 내달리고 있었다. 지구 어디라도 갈 수 있을 것 같았다. 뭐라도 될 수 있을 것 같았다. 그렇지 못할 이유를 찾기엔, 속도가 지나치게 빨랐다.

오토바이 마니아로 유명한 소설가 '마루야마 겐지'의 인터뷰집을 읽다가 '과연 일리 있는 말이야.' 하고 고개를 끄덕인 적이 있다.

"책을 수백 권 읽어도 터득하지 못한 진리가 50cc짜리 소형 오토바이에 담겨 있었고, 그것은 불과 몇 킬로미터만 달려도 몸에 배어들었다."

나는 스피드광까진 아니어도, 그 말의 기분을 이해할 수 있었다. 세상을 맹렬히 질주하는 경험 속에는 꽤 많은 감동이 담겨 있기 때문이다. 설명하기 어렵지만, 그건 단지 빠른 속도를 즐기는 것만이 아니다. 요컨대 '이대로 살아도 괜찮은가?' 하는 의문과 정면 대결하는 일이다. 비겁하게 도망치지 않고, 스스로 선택한 방향에 모든 열정을 쏟아붓는 경험이다. 그 단순함 속에 일상을 훌쩍 뛰어넘는 상쾌한 감각이 있다.

현실의 나는 섣불리 속도를 내기 어렵다. 대체로 청천 난류에 휩쓸린 비닐봉지처럼 우왕좌왕하며 살아간다. 갈피를 잡고 전력 질주하기엔 세상은 온통 이해할 수 없는 방해물투성이다. 수많은 기로 앞에서 우물쭈물하게 된다. 그러다 보면 시도할 용기마저 사라지고, 미적이는 나날 속 불안이 낳은 잔해에 빠져 허우적거릴 때도 있다.

반면 질주하는 나는 새롭다. 오직 한 방향으로 직진하고 있다. 별것도 아닌 외로움에 지레 겁먹어 무리 속에 숨던 내가, 혼자서도 여봐란듯이 잘 달리고 있다. 그래서 속도는 분노를 연료 삼아 태운다. 그것은 언제나 말뿐이던 지난날에 대한 분노, 한순간 하나의 장소에 있는 나를 나의 전부로 여겼던 데에 대한 분노다.

질주하는 내게 세상은 이토록 간단명료하다. 그저 앞만 보고 달리기만 하면 된다. "이다음은 뭐지?", "무엇을 준비해야 하지?" 하는 질문은 쫓아오지 못한다. 이미 저지른 일에 대한 후회도 바람에 갈기갈기 찢겨 버린다. 두려울 것 없는 내게 세상은 우습다. 확실한 미래는 없어도, 고꾸라져도 앞을 향해 구를 비장함이 있다.

정말 멋진 질주였다. 평생토록 그리워할 만한. 그때의 그 자유로운 느낌을 잊고 싶지 않다. 나이가 들수록 하루가 사고 없이 순탄히 지나가는 것을 행복과 동일시하게 되지만, 더 큰 성취의 감동과 희열을 갈구하는 에너지를 일찍부터 포기하고 싶지 않다. 차분한 삶에 만족하며 사는 것은 적어도 후회 없이 전력 질주한 다음에야 더 큰 의미가 있을 테니까.

그러니 달릴 수 있을 때 달리고 싶다. 쏜살같이 지나가는 젊은 시절에는 더더욱. 겁먹을 일도 아닌 것 같다. 사는 건 어차피, 한평생 자신의 나약함과 싸워나가는 것이지 않나?

별것 아닌 것들에 신경 쓰고 살던 제가,

아무것도 숨기지 않는 생명 앞에서

조용히 뺨을 얻어맞고 말았습니다.

못생긴 새와 모닝 샌드위치

◆ 우간다 진자 빅토리아호

밤 열 시가 되면 내가 묵던 우간다 시골 마을의 가정집 숙소는 감옥처럼 변했다. 창문은 전부 철창으로 덮였고, 현관문엔 주먹만 한 자물쇠가 단단히 물렸다. 마당의 육중한 철문도 철커덩 잠겼다. 그렇게 다음 날 아침 여섯 시까지는 누구도 들어오거나 나갈 수 없었다.

하루는 한밤중에 잠이 깼다. 해도 뜨지 않았는데, 누가 찬물을 끼얹은 것처럼 눈이 번쩍 떠졌다. 유난히 정신이 또렷해서 다시 잠들 것 같지 않았다. 그러나 전기도 인터넷도 모두 끊겨 있는 캄캄한 새벽. 어둠 속에서 미리 받아둔 전자책을 읽다가, 괜히 창문을 보고 답답한 기분을 느꼈다. 거기엔 달빛을 받아 번들거리는 쇠창살이 있었다.

거실로 나와 보니 역시나 어두컴컴했다. 다시 방으로 들어가려다

{ 대머리황새 }
사하라 이남 아프리카에 서식하는 덩치 큰 조류. 날개를 펼치면 길이가 2미터를 넘는다. 평원의 썩은 고기를 찾아 먹는 청소부 동물로, 도시나 시골에서는 주로 쓰레기 더미를 뒤지고 다닌다. 흉측한 외형 탓에 멸시를 받기도 하지만, 사실은 질병 확산과 수질 악화를 막는 데 중요한 역할을 한다.

가, 거울 앞 화장대에 종이 지도가 올려져 있는 게 보여 슬쩍 방으로 가져왔다. 그러고는 책상 위 양초에 성냥불을 붙였다. 그 불빛에 지도를 가까이 대고 손가락을 짚어가며 천천히 훑어보기 시작했다.

괜히 가슴이 두근거렸다. 마치 몰래 선장의 보물지도를 훔쳐보는 해적선 선원이라도 된 것처럼.

지도 한 귀퉁이, 빨간 글씨가 쓰여 있는 게 보였다.

'Source of the Nile(나일강의 발원지)'

나일, 수단과 이집트를 거쳐 지중해까지 이어지는 그 유명한 나일강이 맞다.

'뭐야, 이거 꽤 특별한 걸?'

마침 숙소에서 그곳까지 거리는 고작 5킬로미터. 아침 조깅 삼아 다녀오기 딱 좋은 거리다. 아마도 날씨는 선선, 가져가서 먹을 도시락도 싸기로 했다. 참기름 듬뿍 바른 김밥이면 좋았겠지만, 아쉬운 대로 샌드위치도 좋다. 다만 주인아주머니가 깨지 않게 은밀히, 주방에 숨어든 생쥐처럼 사부작사부작.

오전 여섯 시가 됐다. 마당 철문이 열리자마자 스르륵 빠져나왔다. 새장을 벗어난 철새처럼 뒤도 돌아보지 않고 날아갔다. 오늘의 선곡은 활기찬 '펑키 타운'. 길은 머릿속에 전부 외워 두었다.

'아아, 상쾌해라.'

이제 막 고개를 든 해가 기분 좋게 눈부셨고, 거리는 깨끗했다. 달릴 때 콧등을 간질이는 시원한 바람결이, 나는 정말 좋다. 이런 기쁨은 단연코 일품이다. 푹 쉬고 깨어난 아침이 낭랑한 목소리로 인사하는 것 같다: 안녕, 안녕. 나도 눈뜬 세상에게 인사했다. 으슥한 밤거리를 배회하던 강도들은 전부 퇴근하고 자러 갔을 시간이라 마음 놓고 달렸다.

어깨에는 카메라 가방을 사선으로 둘러맸다. 뛰면서 흔들리지 않도록 끈을 바짝 조였다. 그리고 한 손에는 식힌 블랙커피를 담은 플라스틱 물병, 다른 손엔 신문지로 싼 샌드위치를 들고 달렸다. 마치 이어달리기 바통인 양. 샌드위치는 전날 먹다 남은 바게트에 대충 싸구려 햄과 치즈를 얹어 만든 것이지만, 손바닥 가득 묵직한 양이 느껴져서 좋았다. 양 조절에 실패한 이른바 '엑스트라-라지' 사이즈다. 여기에 머스터드와 후춧가루를 섞은 마요네즈도 듬뿍 발랐다. 평소 같으면 칼로리 걱정에 찔끔 발랐겠지만, 아침 조깅은 이러려고 하는 것이니까.

그렇게 미처 여물지 않은 뽀얀 풍경 속을 달렸다.
세상은 갓 멸균된 우유병 같았다. 기분 좋게 따스하고, 청결하고.

한데 일찍 밤을 맞는 마을이라 그런지, 벌써부터 거리에 나온 아침형 인간이 많았다. 나는 여행지를 색깔로 기억하는 경우가 종종 있는데, 우간다 진자Jinja는 의심할 여지없이 황토색이다. 마을 천지가 온통 붉은 황토 바람에 뒤덮여 있기 때문이다. 건물과 길거리는 물론이고 달리는 오토바이 엔진도, 담벼락에 붙은 판촉성 포스터까지도 온통 황토색이다. 그러나 오직 황토색만 있느냐 하면 그건 아니다.

진자에는 색색의 멋쟁이가 많았다. 핫핑크, 오렌지, 밤거리 간판 네온색, 환히 핀 진달래색. 사람들 옷 색깔이 대단히 알록달록해서, 거리 전체가 아이들 뛰노는 고무공 풀장 같았다. 더운 지방일수록 쨍한 색의 옷을 선호하는 경향이 있다는데, 정말로 그랬다. 게다가 배경이 온통 황토색이다 보니 사람들 몸에 걸친 선명한 색깔들이 한껏 두드러졌다.

나는 살짝 부끄러웠다. 모자부터 양말까지 전부 시커멓게 휘감은 내 꼴이 어찌나 촌스럽게 느껴지던지. 혼자만 잿빛인 기분이었다고 할까. 며칠째 수염도 깎지 않아 후줄근하고 거무죽죽했다. 어쩌면 마을 사람들도 '동양인 남자는 어지간히 칙칙한걸.' 하고 혀를 찼을지도 모른다.

그래도 어찌 됐든 흥미로운 아침 조깅이었다. 스타일이 유난해 보이는 사람도 분명 있었지만, 모두가 비슷하게 입고 있는 풍경보다 지루하지 않았다. 하나같이 자신감이 넘쳐 보여서, 확실히 마을 전체가 '에지 있어' 보였다고 할까. 요즘도 이런 말을 쓰는진 모르겠다만 어쨌든 골목골목 런웨이가 펼쳐진 것처럼 보였다.

내 생각에, 이런 분위기도 결국 '용기의 문제' 같다. 별나고 돋보이는 옷을 입는 것은 파격적인 도전이니까. 그래서 개성 있게 잘 입은 사람을 보면 그 건강한 뻔뻔함이 부럽다. 내게는 그럴 용기가 많지 않아서 구차하게 머릿속으로만 남의 옷을 빼앗아 입어본다. 하지만 그렇게 상상해 본들 근사할 리 없다. 패션에 대해서는 털끝만큼도 모르지만, 적어도 입고 있는 사람이 '얼마나 자연스러운가'가 중요한 포인트가 되는 것 같다. 그 여유로움이 없으면 무언가 어색하고 젠체하는 느낌마저 든다. 그런 자연스러운 태도는 두려움을 이겨낸 용사만이 얻을 수 있는 것이려나? 하여간 패션은 어렵다. 숫자로 딱 나누어 떨어지는 것도 아니어서 어지간한 열역학 이론보다도 난해하다.

한참 그런 생각을 하면서 달렸다.

이내 길의 끝에 다다랐다. 가끔 멈춰 사진도 찍다 보니 한 시간 가까이 걸렸다. 어느덧 눈앞에는 아프리카에서 제일 큰 빅토리아 호수가 있었고, 달려온 길 옆으로는 강줄기가 끊임없이 흘러 나갔다. 분명

나일강이 시작되는 지점이었다.

'이럴 수가, 압도적이야, 왈칵 눈물이 날 것 같아!' 하지는 않았다. 그저 평범한 강과 호수였다. 만약 내가 나일강의 축복을 받은 이집트 사람이었다면 조금 더 감동했으려나? 하지만 나는 한강 물을 마시고 자란 서울 사람이다.

오히려 두루두루 어수선한 분위기였다. 호수는 밑에 깔려 있는 황토 때문인지 물빛이 탁한 진흙탕이었다. 공원이나 길도 우간다 대부분이 그렇듯 깔끔히 정돈되어 있지 않았다. 물가 근처엔 나무로 지어진 기념품 가게와 식당이 소소하게 있었지만, 날이 덥다 보니 탈이 날까 봐 가고 싶지 않았다. 선풍기, 와이파이, 그런 건 전혀 기대할 수 없는 분위기였다.

그래도 다행이라면 내 기분이 이미 좋았다는 점. 기분만 좋으면 이런 허술함조차 편안한 매력으로 느끼기 마련이다. 게다가 시간이 느릿느릿 흐르는 듯한 적막함까지 있어서 샌드위치를 먹기엔 아쉽지 않은 공간이었다. 뭐, 그 정도면 충분하다고 생각했다.

가까운 언덕에 오르자 넓은 호수와 강이 한눈에 들어왔다. 발로 쓱쓱 바닥을 쓸어낸 뒤 바닥에 앉았다. 마침내 즐거운 아침 식사 시작. 먼저 모닝커피를 음미하며 마셨다. 꼴은 조금 그랬지만, 지켜보는 상인들 눈이 많아 홀짝홀짝 교양 있게 마셨다. 다음은 샌드위치 차례. 종이를 벗겨내자 온 천지에 햄 냄새가 진동했다. 치즈는 꾸덕하게 녹았고, 마요네즈는 바게트에 촉촉이 스며들었다. 한입 베어 물자 겉은 여전히 바삭, 바사삭. 이건 행복의 소리다. 입안 가득 샌드위치를 오물거리며 저 혼자 싱글거렸다. 목이 막힐 만하면 다시 향긋한 커피 한 모금.

'과연 우간다 원두는 맛이 좋구나.'

잔설이 비에 녹아 흘러가듯, 온몸의 피로가 깨끗이 씻겨 나갔다. 무척이나 만족스러운 아침 식사였다. 냉정히 달해 돈 주고 사 먹기엔 형편없는 샌드위치였지만 그런대로 괜찮았다.

식은 커피와 싸구려 샌드위치 하나로 행복할 수 있다니, 썩 괜찮은 인생인 것 같았다. 적당히 낭만과 운치도 있고. 여기에 아보카도라도 껴 있으면 더욱 근사했겠지만, 세상만사 바라자면 끝이 없다. 그렇게 되면 썩 괜찮은 인생도 사라져 버리는 거다.

저 아래 붉은색 강물이 느릿느릿 흘러갔다. 나는 쓸쓸한 망부석처럼 홀로 앉아 한참을 오도카니 먼 호수의 한 점을 응시하고 있었다.

눅눅히 고여가던 침묵을 깬 건 커다란 새 한 마리였다. 녀석은 양 날개를 퍼덕이며 멀리서 날아왔다. 길에서 호숫가로 이어지는, 잡동

사니 가게 골목에 털썩 내려앉았다. 그러고는 배가 고픈지 여기저기 가게 안을 기웃거리며 돌아다녔다. 큰 키에 비해 몸은 깡말라 있었고, 한동안 제대로 씻지 못한 것 같았다. 멀리서 봐도 깃털 꼬락서니가 꾀죄죄했다.

나는 녀석이 일대에서 '골칫거리'로 여겨지고 있음을 단박에 알 수 있었다. 누구도 반기지 않았으니까. 상인들은 녀석이 다가올 때마다 기다란 먼지떨이를 훠이훠이 휘저었다. 더러운 왕파리를 쫓아내려 습관처럼 파리채를 휘두르듯이. 그러다 실수인 척, 가볍지만 확실히 힘을 실어 부리를 툭툭 건드렸다. '어라, 이건 좀 기분 나쁘겠는데' 싶었다. 사람으로 치면 손가락으로 이마를 툭툭 미는 행위 아닌가.

'이봐 아저씨, 방금 행동에 대해서는 새에게 사과하는 게 좋을걸.' 하고 중얼거렸다. 물론 입 밖으론 꺼내지 않고.

그러나 새는 주눅 들지 않았다. 야단맞은 아이처럼 어색하게 쭈뼛거리지도 않았다. 오히려 '거 적당히 좀 합시다.' 하는 눈빛을 흘깃 쏘아 대며 슬금슬금 다른 가게로 이동했다. 마치 한두 번 겪은 수모가 아니란 듯이. 바드득바드득 부리를 갈며, 언젠가 두고 보자는 듯이.

사실 녀석은 아프리카에서 흔히 보이는 새다. 도시에도 작은 마을에도 사바나 평원에도 있다. 이름은 안타깝게도 '대머리황새'. 이런 노골적인 이름을 지어준 사람은 정말 너무하다. 숲은 인간에게도 자존심인데, 옷도 안 입는 동물에게는 더더욱 그렇지 않으려나?

또 하나 특이한 점이라면 볼 때마다 늘 구박받고 있다. 아무래도 악취를 퍼뜨리고 다니는 탓이 제일 클 것이다. 녀석은 나무가 하얘질 정도로 엄청난 양의 변을 살포하고, 거리의 쓰레기 더미를 마구잡이로 파헤치고 다닌다. 심지어 자기 다리에 배설물을 눠서 체열을 식히는 찝찝한 습성도 있다.

실상은 환경 미화 역할을 하는 이로운 새라고 하지만, 그렇다 해도 고마움을 느끼며 반기는 새가 되기에는 치명적인 단점이 또 있으니 못생겨도 너무 못생겼다. '적당히 그럭저럭 봐줄 만해.' 하고 얼버무리기에는 나 자신을 속이는 기분이 든다.

목과 머리엔 털이 숭숭 빠져 있다. 차라리 깔끔한 민머리였으면 나았을 걸, 볼품없이 듬성듬성하다. 더욱이 그 사이로 불그스름한 피부가 그대로 드러나 있어 왠지 많이 아파 보인다. 얼굴은 쪼글쪼글 주름져 있고, 검버섯도 거멓게 잔뜩 피어 있다. 설상가상, 목에는 축 늘어진 거대 목주머니까지 달려 있다. 혹부리 영감의 소리 내는 주머니처럼 생겼다. 처음 본 사람이라면 누구나 '에구머니나, 흉측해라!' 하고 무례하게 놀랄 수밖에 없다.

언젠가 신문에서도 '녀석'을 본 적이 있다. 영국의 '못생긴 동물 보호협회'를 다룬 기사에서였다. 처음 제목만 슬쩍 봤을 때는 '거참, 영국엔 별 게 다 있다니까' 하고 피식 웃어넘겼다. 그러나 찬찬히 읽어본 다음에는 '흐음, 역시 세상일엔 이유가 다 있는 법이구나.' 하고 생각을 고쳐먹었다.

요지는 이거다. 못생긴 동물은 인간의 '종 보존 노력'에서 소외당하기 십상이라는 것. 그렇기 때문에 더욱더 따뜻한 관심이 필요하다는 것이다. 하기야 못생긴 동물이 코알라나 판다만큼 사랑받고 보호받긴 어려울 것 같다. 그런 차별이야 인간 세계에서도 아주 흔한 일이니까. 그리고 협회에서 심사숙고 선정한 '못생긴 동물 리스트'에는 대머리황새도 당당히…… 는 조금 그렇고, 자랑스럽게 한 자리를 차지하고 있었다.

참 딱한 일이다. 예쁘거나 귀엽지 않은 동물들은 뒷전일 수밖에 없다는 게. 못생겼다는 소리를 듣는 것만으로 이미 기분 나쁠 텐데 너무하다. 심지어 못생겼다는 것도 사람의 기준에서나 그렇다. 동물에게도 미의식이란 건 분명 있을 텐데, 그게 사람과는 전혀 다른 형태일 것 같다.

어쩌면 동물의 미적 기준으로 인간은 '타고난 추함을 덮으려고 이

것저것 뒤집어쓰는 종'일지도 모른다.

그런 대머리황새의 곤욕을 지켜보고 있자니 불쌍한 마음이 들었다. 만약 녀석이 아기 주먹만 한 카나리아처럼 귀엽게 생겼더라면 어땠을까? 분명 너도나도 나서서 도우려고 들었을 것이다. 아담한 보금자리를 지어줬을 수도 있고, 따로 새 모이를 챙겨 두기도 했을 것이다. 최소한 먼지떨이로 부리를 툭툭 치지는 않았겠지 싶다. 쯧쯧, 가여운 녀석 같으니라고.

그러니 대머리황새와 진자 마을 주민 모두를 위한, 나의 기막힌 아이디어! 앞으로 마을에서 못 입고 버리는 옷이 생기면 대머리황새들에게 맞춤 두건과 스카프를 만들어주면 어떨까? 알록달록한 색으로 마을 사람들의 패션 감각을 한껏 활용해서. 하찮은 소리라 여기지 마시길. 그러면 보기 민망한 머리와 목주머니도 커버할 수 있을 것이고, 자라나는 아이들도 적개심을 느끼지 않을 것이다. 천재적인 발상까진 아니어도 제법 괜찮은 생각 아닌지? 소문이 돌고 돌아 대머리황새들이 일약 슈퍼스타 반열에 오를지도 모른다. '나일강의 진정한 패셔니스타들', 이런 식으로.

그러다 보면 '대머리황새 보호 기금 마련을 위한 패션 콘테스트'가

열릴 수도 있을 것 같다. 언젠가는 전 세계 기자들이 장사진을 이루고 지역 경제 활성화에도…… 까지는 너무 터무니없는 생각이려나.

그런데 그때 가게를 전전하던 녀석이 거대한 날개를 쫙 펼쳤다. 단숨에 높게 뛰어올라 정확히 내 앞에 착지했다. 녀석은 분명 내 샌드위치를 노리고 왔다. 그야 그것밖에 없다. 칙칙한 동양인 남자와의 로맨스를 기대하고 온 것은 아닐 테니까. 이유야 어떻든 당황하지 않았다. 아프리카에서 한두 번 본 새도 아니었기 때문에.

부담스러운 건 오히려 상인들의 시선이었다. 무료한 일상, 오래간만에 재미난 구경거리를 찾은 듯한 그 킬킬거리는 시선들. 그들은 내게 손짓하며 어서 새를 쫓아내라고 재촉하고 있었다. 한데 내겐 청개구리 기질이 있다. 순간 우쭐대고 싶은 마음이 쿠글부글 끓어올랐다. '흥, 나는 비정한 아저씨들이랑은 다르다고……' 하는 마음.

그래서 보란 듯이 빵 끄트머리를 떼어내어 툭 던졌다. '이보게들, 외적인 모습 따위 신경 쓰지 않는, 넓은 아량을 베푸는 참다운 인간의 모습을 보아라.' 하는 마음으로. 훈계하듯이.

그렇지만 아무래도 양이 부족했던 모양이다. 녀석은 금세 불도저처럼 먹어 치우고도 아쉬운지, 나를 향해 저벅저벅 걸어왔다. 찔끔 겁이 났다. 겁쟁이라서가 아니다. 녀석의 덩치가 초등학교 고학년생쯤 되어 보였기 때문이다. 누구든 그런 무지막지한 새가 다가오면 쭈그러들 수밖에 없다. 나도 모르게 공손히 자리에서 일어났다.

녀석은 남은 샌드위치를 다 줘도 떠날 줄을 몰랐다. 급기야는 부리로 카메라 가방을 콕콕 찔러 댔다. 여간 부담스러운 게 아니었다. 붉디붉은 피부와 온몸 가득 정체 모를 검은 딱지들. 무엇보다 살짝만 스쳐도 터질 것처럼 부푼 목주머니. 그건 정말로 내 얼굴만 했다. 무수한 실핏줄이 가득한 분홍색 그것이, 목에 매달려 덜렁덜렁했다. 어찌나 끔찍하던지. 사악한 부두술사가 악마를 소환하다 실패해 만들어 낸, 불완전한 물체 같았다.

결국 나는 껄끄러움을 참지 못했다. 아저씨들 바람대로 손을 휘이휘이 내저어 녀석을 뒷걸음질치게 만들었다. 아예 팔을 대자로 벌려 위협하며 멀리 훨훨 날려 보냈다.

그리고 동시에 우쭐대던 나 자신도 함께 날아가 버렸다. 모두에게 친절하고 싶다는 마음도, 그러지 못하는 본능도 둘 다 내 안에 너무 자연스럽게 섞여 있다. 애써 외면하고 숨기려 해도 결국은 금세 들키고 만다. 아아, 부끄러워라. 인간은 참 이중적이라니까.

서양에는 황새가 아이를 물어다 준다는 속설이 있습니다.

혹여나 대머리황새를 배정받은 부부가

컴플레인을 걸지는 말아야 할 텐데요.

세월은 등껍질로 말한다
✦ 잔지바르 프리즌 아일랜드

"나한테 작은 배가 있어. 할 일 없으면 감옥 섬에 데려다줄게."

이제 막 수염이 난 것 같은 남자애가 말을 걸어왔다. 나는 해변가 부두 위에 서 있었고, 시간은 겨우 오전 여섯 시였다.

윤이 나는 검은 피부에 짧은 곱슬머리, 민소매 농구 유니폼 차림. 이 동네 애들이 흔히 하고 다니는 스타일이다. 다만 물 빠진 청바지 끝단이 잔뜩 해져 있어 얼굴보다 그쪽에 눈이 갔다. 신발도 신지 않았다. 그 애는 저 멀리 해안선에서부터 손을 흔들며 다가왔다. 눈도 입도 웃고 있었다. 타지에서 고향 사람을 만나기라도 한 듯 반가운 표정이었다. 그렇지만 친구는 아니다. 처음 보는 낯선 남자다.

'할 일 없으면'이라는 말에, 어쩌면 꽤 오랜 시간 나를 지켜보고 있었을지도 모른다고 생각했다. 의식의 어두운 골짜기에서부터 스멀

{ 알다브라 코끼리거북 }
굉장한 덩치와 식성을 가진 땅거북. 많은 양의 식사를 하면서 나무를 쓰러뜨리고 길을 만들어내는 것이 코끼리 같다 하여 지금의 이름이 붙었다. 수명이 무려 100년에서 150년에 육박하고, 종종 200년 넘게 산 개체들도 발견된다. 짝짓기 가능한 나이가 되기까지도 30년이나 걸린다.

멀 경계심이 기어올랐다. 느닷없는 친절은 세상의 흔한 덫이다.

여기는 아프리카 동쪽 인도양의 섬, 잔지바르Zanzibar. 그날 나는 시작부터 왠지 울적했다. 새벽에 눈을 뜨자마자 방 안 가득 물이 차오르는 기분을 느꼈다. 특별히 안 좋은 일이 있었던 것은 아니지만 원래 그렇게, 홀연히 닥쳐오는 우울한 날이 있다. 방 안 가득 무거워진 공기에 가슴이 답답했다. 일어나 거울을 봤더니 웬 시체가 거무죽죽한 눈자위를 하고 서 있었다.
'내 인생은 여기까지가 딱 좋았어.'
이런 내가 어른으로 살아갈 수 있을까, 이유 없이 걱정이 되고 조바심이 났다. 어느새 성큼 가까워진 시간에 들쫓기는 기분. 여태껏 해온 일들이 애들 장난처럼 느껴졌고, 떠벌리고 다닌 미래 계획은 한심하기 짝이 없어 보였다.
결국 쫓기듯 문밖으로 빠져나왔다. 이대로 무참히 침몰하고 싶지는 않아서. 혼자 있는 작은 방에서, 불안은 제 몸 불리기를 반복할 뿐이라는 것을 너무도 잘 알고 있었다. 집 앞 골목은 어두컴컴했다. 기분 나쁜 고요함이 무서우리만치 비명을 질러대는 바람에, 나는 재빨리 그곳을 벗어나 해안가로 뛰어갔다. 역시 환히 켜진 가로등은 없었지만, 그나마 불길한 정적이 사라졌다.

바다 내음 가득한 파도가 밀려올 때마다 달그락달그락 돌멩이끼리 부딪치는 소리가 났다. 그 소리가 듣기 좋았다. 턴테이블 바늘이 낡은 레코드판의 비어 있는 구간을 긁고 지나는 듯한, 조그마한 마찰 소리. 나는 그 소리를 들으며 수평선 위로 해가 뜨길 기다렸다. 십 분, 이십 분, 홀로 그렇게.

하지만 아무리 기다려도 해는 뜨지 않았다. 날은 부옇게 밝아왔지만, 새벽이 뱉은 물안개는 여전히 바다 위를 이불처럼 덮고 있었다. 설령 안개가 걷혔다 한들 내가 바란 일출은 보지 못했을 것이다. 그제야 이쪽 해안이 서쪽을 바라보고 있다는 걸 알게 되었으니까. 이럴 땐 정말 '멍청한 녀석!'이라고 할 수밖에. 결국 바닷가 마을의 하루는 등 뒤에서 시작했다. 조곤조곤 하늘이 속삭이길, 날은 흐릴 예정이었다.

맨발의 남자애가 말을 걸어온 건 바로 그 언저리였다.

"......"

나는 대답하지 않고 고개만 저었다. 눈도 마주치지 않았.

'이른 아침부터 호객 행위라, 부지런한 청년이네.' 하고 속으로 생각했지만, 굳이 티 내지 않았다. 경험이 준 교훈인계, 이럴 때 친절히 받아주다 보면 더욱 난감한 일이 많아진다. 매정해 보여도 하는 수 없다.

하지만 그 애도 보통은 아니었다. 포기하지 않고 감옥 섬이 어떤 곳인지 설명하기 시작했다. 사소한 것 하나하나 미주알고주알 이야기했다. 무척이나 짜임새 있게 준비한 느낌이 들어서, 회심의 기획안을 프레젠테이션 하는 유능한 영업 사원처럼 보였다. 이건 칭찬할 만하다. 상대방이 귓등으로도 듣지 않는 게 빤히 보이는 데도 기세가 꺾이지 않는 건 정말로 대단한 거다. 여러모로 사장들이 탐낼 인재 같았다.

그렇지만 나도 여행에서는 산전수전 겪은 몸이다. 탐낼 사장은 없어도 보통은 아닌 놈이라, 포기하지 않고 영어를 못 알아듣는 척했다. 사실 내겐 이런 상황에서의 대처법이 매뉴얼처럼 자리 잡고 있다. 주머니에는 귀를 막을 이어폰도 준비되어 있었는데, 거절의 최후통첩이라 할 수 있다.

"옛날에 도망치다 붙잡힌 노예들을 가둬두었던 곳이야."

별로다. 그 정도 진부한 스토리로는 날 설득하지 못한다. 탈락. 너무 건방져 보이려나? 하필 기분이 좋지 않았을 때라 어쩔 수 없다. 우울한 아침의 나는 평소보다 서너 배쯤 불친절하다. 내가 봐도, 영 밥맛없게 군다.

상황이 점차 소강상태에 접어들자 군데군데 공백의 마디가 생겨났다. 어찌나 어색하던지. 일종의 거북함 같은 게 있었다. 마치 그 애가 실수로 내 발이라도 밟고 있는 것처럼. 나는 멀리 해수면을 바라보며 보이지도 않는 돌고래를 셌다.

그런데 그 애가, 애써 피하고 있는 내 눈을 뚫어져라 바라보며 어깨를 툭툭 건드렸다. 순간적으로 움찔했다.

'아니 잠깐, 터치는 경우가 아니지.'

하는 수 없이 나는 '한 번만 더 건들면 물어버릴 거야.' 하는 무서운 표정을 지었다. 아주아주 잔혹한 얼굴이다. 하나 그 애는 눈도 깜빡이지 않고 말했다.

"집채만큼 거대한 거북도 잔뜩 있어."

나는 짓고 있던 살벌한 표정을 꿀꺽 삼켰다.

내가 이리도 쉬운 사람이었던가. 그 단순한 갈에 끌렸다. 천년만년 닫혀 있을 것만 같았던 입이 열렸고, 점잔 빼며 말문을 뗐다.

"…… 얼마나 걸리는데?"

삐거덕거리는 조각배는 바다를 가로지르며 나아갔다. 왕복 10달러라는 뱃삯에 걸맞게, 느리지도 빠르지도 않은 속도였다. 풍경은 썩 좋지 않았다. 세상에 어찌 좋은 날만 있으랴. 하늘은 잿빛으로 흐리고 물은 검게 죽어 있었다. 머리 위 짙게 깔린 구름이 세상의 색깔을 모조리 빨아들인 듯했다.

옆으로는 삼각돛을 단 다우선들이 바람만으로 항해하고 있었다.

보트 엔진, 프로펠러, 그런 현대적인 건 없다.『신밧드의 모험』에나 나올 법한 케케묵은 배다. 저 배들은 언제부터 저렇게 고기를 잡고 있던 걸까. 아주 먼 옛날에도 똑같이 떠 있었을 것만 같았다.

투둑투둑, 손을 뻗으면 차가운 바닷물이 튀었다. 손끝에 닿는 그 느낌이 좋았다. 이빨이 간지러운 새끼 강아지가 가볍게 깨무는 듯한, 그 둥글삐죽한 감촉에 새벽의 우울한 감정들이 조금씩 씻겨 나갔다. 나는 엄지손가락으로 손바닥에 묻은 물방울을 비비적거리며 되새김질했다. 확실히 기분은 나아졌다. 부두에서 뜨지 않는 해를 기다릴 때보다 적어도 서너 배쯤은.

하지만 조금은 겸연쩍은 기분도 들었다. 키를 잡은 저 청년이 '웬걸, 그렇게 안 간다고 버티더니만.' 하고 생각할까 봐. 그래서 공연히 들뜬 모습까지 보이고 싶지는 않았다. 참으로 고약한 심보다. 나는 민망함을 감추려는 듯 까마득한 수평선을 향해 괜히 혼자 중얼거렸다.

"이 정도 조류라면 내일은 날씨가 좋겠어."

『노인과 바다』의 한 장면처럼 말했다.

사실 조류와 날씨가 무슨 상관인진 모른다. 기분만 허락한다면 그런 건 별로 중요하지 않을 때도 있다.

배는 이십 분 만에 섬에 도착했다. 끝에서 끝까지 한눈에 담기는,

아주 조그만 섬이었다. 청년이 선착장 말뚝에 밧줄을 묶으며 말했다.

"한 시간 반 뒤에 다시 여기로 와. 나는 배에서 자고 있을 테니까 돌아오면 깨워 줘."

옳거니, 바라던 바다. 먼저 안내해 주겠다고 나서지 않는 것이 어찌나 고맙던지. 천성이 수줍은 나는 처음 만난 남자와 단둘이 데이트하는 것이 영 부담스럽다. 그래서 홀로 해안가를 떠나 뚜벅뚜벅 안쪽으로 걸어 들어갔다. 섬에는 아무도 보이지 않았다. 이제 막 오전 일곱 시를 넘겼을 때니 당연한 일이었다.

아마 수용소로 사용됐을, 담장이 높은 건물들 사이를 그대로 뚫고 지나갔다. 꽁지를 길게 늘어뜨린 채 산책하는 공작이랑도 가볍게 인사만 주고받았다. 애초에 나는 거북을 보러 이 섬에 온 것이었으니까.

금세 보호구역 입구에 다다랐다. 입구엔 아침 여덟 시부터 연다고 쓰여 있었지만, 다행히 철창 너머로 사람이 보였다. 관리소 직원으로 보이는 중년의 아저씨였다. 바닥을 쓸고 있던 아저씨는 입구 앞을 부지런히 서성이는 나를 발견했다. 아저씨가 곤란한 기색을 하고 내게로 왔다.

"입장은 여덟 시부터야."

"예? 아, 죄송해요, 몰랐어요."

실은 알고 있었다. 입구에 보란 듯이 적혀 있었으니. 하지만 나는 가능한 한 도와주고 싶은 마음이 들게 하는 순진무구한 얼굴을 했다. 굽은 어깨의 어리숙한 포즈로 머리를 긁적였다.

"원래 벌써부터 열어주면 안 되는 건데…… 만지는 건 괜찮은데 올라타지는 마."

계획대로다. 여행하면서 백 번은 써먹은 방법이라 제법 능숙하게 한다. 어찌 된 게 나이를 먹을수록 잔꾀만 는다.

그렇게 들어간 안뜰에는 거북이 가득했다. 수백 마리는 되어 보여 득실득실했다. 거북들은 기대보다도 훨씬 컸다. 덩치로 보아 육십 살, 백 살은 거뜬히 넘어 보였다. 나이 어린 거북은 따로 울타리 안에서 기르고 있었으니, 바깥은 그야말로 노인정인 셈이었다. '녀석들'이라 불러도 되나 싶을 정도로.

나는 나무 데크를 내려와 쭈뼛거리며 그들에게 다가갔다. 여기도 거북, 저기도 거북. 그 많은 늙은 거북들 사이로, 두 발로 걷는 풋내기 애송이가 입장했다.

살다 보면 여러 형태의 아침이 있다는 것을 알게 된다. 또한 그 아침의 풍경이 하루의 기분을 정하는 데 결정적인 역할을 한다는 것도. 그리고 이건 비밀인데, 몸집이 거대한 거북들에 둘러싸여 파도 소리를 듣는 아침은 꽤나 드문 산뜻한 출발이다. 그건 정말 마음 편안한 시간이었다. 그러니까 나는 잘 익은 코코넛에 꽂힌 대나무 빨대 같았다. 한적한 바캉스를 떠올리게 하는 분위기 한가운데 우뚝 서서 한없이 가벼운 초가을 공기를 쪽 들이마셨다. 바다 내음과 축축한 흙 냄새가 마구잡이로 뒤섞인 냄새가 났다.

거북들은 아무 말이 없었다. 바스락바스락 어수선하게 요란 떨지도 않았다. 하기야 그러면 거북이 아니겠지. 녀석들은 나와 마찬가지로, 목을 쭉 빼 들고 아침 공기를 빨아들이고 있었다. 그 점잖고 차분한 모습에 의외로 호감이 갔다. 아침부터 열혈 수다쟁이를 만나야 한다면 피곤한 일이니까. 요컨대 받아주는 데에도 에너지가 필요하다.

등껍질에 파란 페인트로 숫자가 쓰여 있는 것이 보였다. 사십구, 칠십육, 백사십사……. 나는 단박에 그것이 나이를 의미하는 것을 알아차렸다. 숫자가 높으면 높을수록 등껍질에 이런저런 흠집이 가득했으므로. 백 살이 훌쩍 넘은 녀석들의 등껍질은 삭막하다. 가뭄으로 바싹 메마른 논바닥처럼 쩍쩍 갈라져 있다. 그러나 어린 놈의 등껍질은 뽀얗다. 갓 도정한 쌀알처럼 반질반질 윤기가 난다.

흥, 나는 늙은 거북이 아닌 데도 질투가 났다.

근방에서 제일 나이 많은 녀석 앞에 다가가 섰다. 파란색 페인트로 백육십이 적혀 있었다. 녀석의 등껍질은 로마 시대 중보병이 들고 다녔을 방패처럼 우람하고 거대했다. 여기저기 깨지고 흠집 난 것이 수많은 전투를 치러온 것처럼 보였다. 나는 호기심에 천천히 손을 갖다 대고 쓰다듬었다. 거칠고 건조했다. 백육십 년 묵은 감촉에 생생한 활기는 없다. 시체의 부르튼 입술을 만지는 것 같아 조금은 섬뜩한 기분도 들었다. 하지만 그 서늘한 감촉 안에는 무언가 사람을 겸허하게 만드는 힘이 있었다. 마치 내 인생 전부를 무한한 우주 속 찰나로 느껴지게 하는 힘이.

나는 그만 손을 떼고 거북의 눈을 바라봤다. 문득 백육십 년이란 긴 시간을 살아낸 기분은 어떤 것일까 궁금해졌다. 이 나이 많은 거북도 매끈한 등껍질을 하고 팔팔 돌아다녔을 시절이 있었다고 생각하니, 나이가 드는 그 당연한 일이 껄끄럽고 무섭게 느껴졌다.

이 거북과 유년 시절을 보낸 사람은 모두 죽었다. 함께 자란 거북도 대부분 마찬가지였을 것이다. 그러니 어쩌면 혼자만 신이 된 기분일까? 생각이란 걸 늘 하고 살았다면 우주 삼라만상의 이치를 꿰뚫었을지도 모른다. 그렇지만 나는 거북의 말을 모르기에 눈빛으로 묻는 수밖에 없었다.

'이봐, 거북 씨. 그렇게 오래 살면 대체 어떤 생각이 듭니까?'

녀석이 나를 보고 눈을 끔뻑끔뻑했다. 무언가 깨달음이 어른거리는 얼굴을 하고서. 무슨 의미인지는 당연히 모른다. 애당초 의미 따윈 없다고 보는 편이 현실적이다.

그러나 내 멋대로 이렇게 추측해 본다.

'시간이, 엄청나게 많은 줄만 알았어.'

십 년을 살든, 백 년을 살든 하루하루 나이 드는 일은 절대로 멈추지 않는다. 산다는 건 결국 끊임없이 죽음과 가까워지는 일이다. 그건 사람이나 거북이나 매한가지다. 그러니 녀석도 이렇게까지 늙을 줄은 몰랐을 것이다. 그건 젊은 나이에 누구나 하는 착각이니까. 나 역시 살아오는 대부분 시간 동안 나 자신이 어른이 될지언정 늙는다는 생각은 전혀 하지 않고 살았다. '내 몸이 더는 원하는 대로 움직일 수 없다.'는 가정은 너무도 끔찍한 것이어서.

물론 지금도 그런 생각을 자주 하고 사는 것은 아니다. 죽음은 여전히 내게 먼 세상 얘기 같다. 그러나 누구나 느릿느릿 네 발로 움직이는 세월에 둘러싸여 있으면 새삼 통감하게 된다.

'어쩌다 이토록 긴 시간이 흘렀나?'

나는 하나하나 지나온 날들을 머릿속에 떠올려봤다. 언젠가 집으로 돌아가던 해 지는 골목길, 친구와 그림자 밟기 놀이를 하던 어린 시절 내가 있었다. 돌이켜보면 그때의 나는 참 풋풋했지만 성숙하지 못했다.

그런데 지금은 풋풋함이 사라지고, 성숙하지 못한 나만 남았다. 이제 변명 따위는 통하지 않는 거다. 어른이 되어가는 건 어쩌면 나 자신에 실망할 것이 늘어가는 일일지도 모른다.

그러나 거북들에 파묻혀 지난날을 회상하는 것이 꼭 우울하지만은 않았다. 되려 흐뭇한 순간들도 있었다. 인생엔 분명 나 자신에 흡족한 날보다 한심한 날이 더 많았지만, 그런 고통을 이겨냈던 과거의 나 자신을 떠올리는 것은 즐거운 일이다. 비슷한 실수가 쌓여갈수록 '이제야 나도 제대로 된 인간이 되어가고 있구나.' 안심하게 되니까. 어차피 흠집 나지 않고는 나이 들 수 없는 노릇이고.

그래서 말인데, 사람이 늙어간다는 것은 정말 등껍질과 다르지 않은 것 같다. 살면서 맞닥뜨리는 무수한 어긋남이 구석구석 상처를 입힌다는 점에서 닮았다. 때로는 나 자신의 바보 같은 선택 탓이고, 때로는 피할 수 없는 불행 탓이지만, 그런 일이 반복되면서 조금씩 더 단단해지고 둔감해진다.

결국 살면서 이루고 성취한 것만으론 내가 어떤 사람인지 완벽히 설명하지 못한다. 오히려 지우고 싶은 부끄러운 순간과 아픔들, 수많은 잘못과 실수의 기억이 지금의 나다. 그렇게 사람은 누구나 살면서 자연스레 만들어진 상처, 자만과 허영의 흔적들을 등 뒤에 짊어지고 산다. 그것은 짐이기도 하고 집이기도 하다. 숨기고 살아가느냐, 드러내고 살아가느냐는 본인의 선택인 것이고.

　약속한 시각이 됐다. 아마 아침으로 배급됐을, 땅바닥에 굴러다니는 사과를 주워 녀석 앞에다가 두었다. 그러자 굵고 주름 가득한 목이 쑤욱 뽑혀 나왔다. 느릿느릿 사과가 입으로 들어갔다. 와그작와그작, 질겅질겅. 무슨 땅콩 먹듯 무심히 씹어 넘겼다. 나는 기특해 하며 머리를 토닥였다.
　'아이고, 정정하기도 해라. 이런 기운이면 앞으로 오십 년도 거뜬이다.'
　어차피 놈이야 '웬 애송이가 아침부터 귀찮게 굴지?' 싶었겠지만.
　밖으로 걸어 나와 다시 선착장으로 갔다. 아까의 청년은 언제 일어났는지 반갑게 손을 흔들고 있었다. 처음 만났을 때처럼 눈도 입도 활짝 웃고 있었다. 이번엔 나도 소심하게나마 손을 흔들어 주었다. 퉁명스레 대했던 것에 뒤늦게 미안한 마음이 들어서. 다시 배에 오르며 '어쨌든 우울함을 무기로 사용하지는 말아야지' 하고 다짐했다.
　바다를 건너 돌아가는 길, 모든 것은 그대로였다. 머리 위 구름은 여전히 세상의 색깔을 빨아들이고 있었다. 변함없이 똑같은 회색 하늘과 검은 바다, 그 사이를 아까처럼 삼각돛의 다우선이 유유히 떠다녔다.

하지만 기분까지 같았던 것은 아니다. 이번엔 그 익숙한 모습에 낯설고 가슴 설렜다. 그 풍경이 어딘가 대항해 시대 모험 소설에 어울리는 구석이 있어 보여서. 갑자기 출렁이는 따듯한 바닷물이 마음속까지 훅하고 밀려 들어왔다.

'정말 바람 같은 인생이야.' 나는 속으로 곱씹었다. 이런 새로움이 얼마나 기분 좋게 느껴지던지. 살면서 보는 대부분 풍경은 언젠가 보았던 것이고, 대부분 경험은 이미 해봤던 것이다. 하지만 사람은 분명, 같은 장면 속에서도 전혀 다른 기분을 느낄 수 있다. 나는 이 특별함이야말로 삶의 의욕을 잃지 않게 하는 중요한 실마리라고 생각했다. 똑같은 것에 대한 설렘이 사라지지 않는 한 인생이야 아무리 길어도 좋을 것 같았다.

새벽 내내 머물렀던 부두가 서서히 가까워졌다. 또다시 멀리서 달그락달그락 돌멩이 부딪치는 소리가 들려왔다. 배에서 내리면 숙소에 돌아가 쉬다가, 해가 질 무렵엔 꼭 다시 나와야겠다고 다짐했다. 이번엔 정말 해가 바다로 질 차례였으니까.

할아버지께서 생전에 하신 말씀이 떠오르네요.

"하나도 안 힘들어. 걱정할 게 없으니까.

사람은 걱정 안 하면 안 늙어."

저는 아직 한참은 더 늙어야 할 것 같습니다.

구김 없는 어른

마다가스카르 안다시베 국립공원

기억만 남기고 홀연히 사라져버린 여자애가 있다. 이름만 알고 성은 모른다. 사실 그런 사람은 수도 없이 많았지만, 대부분은 잊혔기보다 스스로 잊었다. 마주친 얼굴을 모두 기억하고 살 수는 없으니까.

그럼에도 유독 그 이름은 남았다. 주변에서 흔히 볼 수 없는 사람이었기 때문일 것이다. 그 애는 흠집 하나 없이 매끈한 유리구슬 같았다. 아이처럼 웃는 모습을 보고 있으면 더더욱 그랬다. 나는 그 산뜻하게 맑은 기운이 좋았다.

그 애는 남들 다 하는 메신저도 에스엔에스도 하지 않았다. 헤어지는 날 번호도 묻지 않았고 겹치는 인연도 없으니, 사실상 내게는 없는 사람이나 다름없어졌다. 가끔은 내게 알려준 이름이 진짜 이름이기는 한 걸까 궁금해질 때도 있다. 머나먼 이국에서 가짜 이름을 쓰는

{ 리머 (여우원숭이) }
신생대 초 원시적인 영장류의 모습을 간직한 동물. 이들의 조상은 한때 지구 전역에 서식했지만 진화한 고등 원숭이와의 경쟁에서 서서히 밀려났다. 그러나 마다가스카르에 남아 있던 개체들은 생존해 독립적으로 진화했고, 지금은 오직 이 고립된 섬에만 수많은 종의 리머가 살고 있다.

사람은 생각보다 흔하므로.

  어쨌거나 그 웃음소리만은 내 마음속에 남았다. 구석에서 조용히, 응달의 풀싹처럼 납작 엎드려 있다. 그리고 이따금 내가 천진난만한 얼굴을 그리워할 때면 고개를 든다. 마음속 가장 높은 곳으로 두둥실 떠오른다.

  설령 세상을 떠난다 하더라도 알지 못할 텐데, 나는 언제까지나 그 애가 잘 지내길 바랄 것을 생각하면 조금 소름이 돋기도 한다. 머릿속에 또렷이 떠올릴 수 있는 사람이 영영 사라져 버린다는 것은 늘 낯설고 두려운 일이다.

  그 애를 만난 건 마다가스카르 섬의 마을, 한바탕 소나기가 퍼붓고 지나간 어느 초여름 날이었다. 나는 혼자 여행 중이었고, 그 애도 혼자 여행 중이었다. 그러니 우리가 함께 다니게 된 것은 지극히 자연스러운 일이었다. 아프리카, 그것도 마다가스카르라는 이국적인 섬에서 같은 언어로 생각하는 사람은 우리 둘뿐이었으니까. 비록 가족이나 연인이 아니더라도 지금 이 장소에서 공감할 수 있는 사람이 서로밖에 없다는 생각이 들면 쉽게 가까워진다. '설익었지만 단단한 유대' 같은 게 만들어진다. 덕분에 우리는 금세 친해질 수 있었다. 나이도 한 살밖에 차이 나지 않아 금방 말을 놓기로 했다.

사실 누구라도 그 애와는 쉽게 친해질 수 있을 것이다. 대체로 나는 친해지기 쉬운 성격이 아니지만, 그 애는 그런 부류의 사람이었다. 워낙 붙임성이 있고 사근사근한. 세상에는 그런 부러운 부류의 사람들이 있다.

우리는 차를 빌려 리머를 보러 가기로 했다. 리머는 오직 마다가스카르에만 사는, 인류의 먼 친척쯤 되는 동물이다. 녀석들은 마을에서 서너 시간 떨어진 숲속에 살고 있었기 때문에, 우리는 가는 내내 많은 얘기를 나눌 수 있었다.

이럴 땐 이름만 안다는 게 얼마나 편한지 모른다. 때때로 공유하는 삶이 없다는 건 서로에게 더욱 솔직하기 쉬운 조건이 된다. 비밀이란 원래 가까운 사이일수록 숨기고 싶은 법이니까. 대체로 사람은 홀연히 나타나 완벽히 사라질 사람에게 마음을 털어놓는 것을 겁내지 않는다. 내가 그를 모르기 때문이 아니라 그가 나를 모를 것이라 믿기 때문이다.

나는 그 애의 얘기를 들으면서 점점 평범한 사람은 아니라고 생각했다. 정확히는, 일반적이지 않은 삶이라고 생각했다. 그 애의 아버지는 대형 선박에서 일했다고 한다. 태평양과 대서양을 거침없이 넘나드는. 선장이었는지 항해사였는지는 기억나지 않지만, 꽤 막중한 임

무를 맡고 계셨던 것 같다. 그래서 그 애는 아주 어릴 적부터 아빠를 반년 혹은 일 년 만에 보는 데 익숙해졌다고 한다. 한번 바다에 나가면 오랫동안 돌아오지 않으셨으니까.

그런 얘기를 듣고 있자니 목구멍에서 묘한 동정심이 부풀어 올라 쉽게 말을 꺼낼 수 없었다. 하지만 나는 되도록 표정을 드러내지 않으려 조심했다. 동정은 상대가 바랄 때나 하는 것이니까.

처음엔 아버지에게 떠밀려 여행을 다니기 시작했다고 말했다. 아버지는 딸이 고등학교를 졸업하고 성인이 되자마자 해외 이곳저곳으로 배낭여행을 다니게 시키셨다고 한다. 그래서 나는 속으로 '그 애의 아버지는 자신이 본 거대한 세상을 딸에게도 보여주고 싶었나 보다.' 하고 생각했다. 아빠는 물심양면으로 딸을 도왔다. 언젠가는 경비행기 조종 수업을 받은 적도 있다고 했다. 이 대목에서는 적잖이 놀랐지만 굳이 내색하지 않았다. 하지만 그런 얘기를 아무렇지 않게 하는 그 애가 조금은 멀게 느껴졌다. 내 인생에서 비행기 조종이란 취미는 비디오 게임에서나 하는 거였으니까.

그렇게 여행은 그 애의 인생이 되었다. 그때부터 십 년 동안 누구보다 많은 곳을 여행하며 살았고, 한국은 잠시 쉬어 가는 곳이 되었다. 마치 그 애의 아버지가 그랬던 것처럼.

그런 얘기를 듣고 있자니 속으로 부끄러운 마음마저 들었다. 어디선가 자유로운 여행가인 척하고 다녔던 것이. 나 역시 살면서 많은 시간과 에너지를 여행하는 데에 쏟았지만, 그 애는 정말 지구 곳곳을 옆집처럼 드나들고 살았다. 험난한 오지에 가는 것도, 현지인들 삶 속 깊이 뛰어드는 것도 겁내지 않았다.

무엇보다 내게 여행은 잠시 원래의 체계에서 벗어나 있는 시간이었지만, 그 애는 머무는 그곳을 자신의 삶으로 살아가고 있었다. 이런 삶이 실제로 가능한 거였구나 싶을 정도로.

그 외에 무슨 얘기를 나눴는지는 이젠 흐릿하다. 그저 가는 내내 그 애의 표정이 얼마나 밝게 느껴졌는지, 그것 하나만 또렷이 떠오른다. 자신의 이야기를 하는 그 애는 어떠한 거짓도 느껴지지 않는 순수한 얼굴을 하고 있었다. 조금도 눈을 피하지 않고서. 설령 거짓이라 해도 진실로 믿게 만드는 표정이었다.

"친구들이 직장 이야기를 할 때, 나는 할 줄 아는 게 없는 것 같아서 조금 부끄럽긴 해." 하고 말할 때는 살짝 내 또래 같은 얼굴을 보이기도 했지만, 그 외에는 시종일관 해맑은 아이 같은 얼굴이었다. 그래서 그 애는 마치 엄마 뱃속에서부터 지니고 있던 아이의 혼을 흠집 내지 않고 지켜 낸 어른 같았다. 그런 때 묻지 않은 투명한 기운이 이상

할 만큼 낯설게 느껴졌다. 어느 정도 나이 든 사람에게 나타나는 학습된 표정이나 행동 같은 게 느껴지지 않아서, 세상으로부터 자신을 보호할 수단이 부족해 보이기까지 했다. 그래서 쉽게 금이 가고 깨질 수 있다는 걱정이 괜히 들 정도였다.

신기한 일이었다. 누구보다 넓은 세계를 보고 경험하며 살아왔을 텐데, 정작 체계 속에 살아가는 사람이 대다수인 것을 생각하면 오히려 그 애가 더 고립된 삶을 살아온 것 같았다. 그런 아이러니한 사람이었다.

리머가 산다는 국립공원 입구에 도착했다. 우리는 차에서 내려 작은 나룻배로 갈아탔다. 황토색 좁은 강을 건너, 숲으로 이어지는 오솔길 입구에 섰다. 마치 다른 행성에 첫발을 내디딘 우주 비행사가 된 기분이었다. 그곳엔 이미 리머들이 잔뜩 몰려나와 우리를 맞이하고 있었기 때문이다. 녀석들 사이에도 여러 종이 있어 보였다. 검붉은 털을 가진 녀석이 있었고, 까만 얼굴에 하얀 털을 목도리처럼 두른 녀석도 있었다. 또 가부좌를 튼 것 같은 요상한 자세로 일광욕을 즐기는 녀석도 있었다.

나는 그 순간 나 자신이 기특하게 느껴졌다. 정말로 이 먼 길을 찾아올 가치가 있었다. 리머는 상상 이상으로 신비로운 동물이었다. 고

립되어 집화한다는 게 어떤 것인지를 한눈에 알 수 있었다. 마다가스카르 섬 밖에 사는 어떤 동물도 닮지 않았다. 길쭉한 팔과 다리로 나무를 타는 모습은 원숭이를 닮았지만 얼굴은 전혀 딴판이다. 주둥이는 여우처럼 툭 튀어나왔고, 똥그랗게 뜬 두 눈은 선명한 오렌지빛이다. 익숙하지 않다 보니 어딘가 엉뚱하면서도 매력적이다.

성격은 무척이나 활발했다. 복잡한 정글 나무 위를 획획 뛰어다니며 '내가 바로 숲의 왕이다!' 하고 외치는 듯한 자신감을 내뿜는다. 주변을 진동시키는 깊고 뾰족한 울음소리로 '원숭이'가 아니라 '리머'라는 고유의 존재임을 확실히 각인시켰다.

리머는 꼭 마다가스카르 숲의 비밀을 간직한 작은 마법사 같다.

우리는 서로의 사진을 찍어주며 숲속 깊은 곳으로 걸어 들어갔다. 한 발짝씩 내디딜 때마다 맨발로 솔잎을 밟는 듯한 상쾌함이 느껴졌다. 잔뜩 햇살을 머금은 나뭇잎은 초록으로 빛났고, 불어온 바람에선 작은 새들의 노랫소리가 났다.

그리고 그때, 리머 한 마리가 나무에서 풀쩍 뛰어내려 내 어깨 위로 올라탔다. 미끄덩 떨어질 것 같더니, 내 모자 끄트머리를 붙잡고 능숙하게 균형을 잡았다. 품에는 조그마한 새끼 하나가 안겨 있었는데, 녀석은 내 얼굴이 신기하게 생겼는지 귓불을 잡아당기고 코를 요리조리 만져댔다. 검고 길쭉한 손가락이 발톱 없이 말랑거려서 아프지는 않았다. 하지만 무척이나 난처했다. 녀석이 자꾸만 내 입술을 핥아 대는 바람에. 애교로 넘기기엔 너무도 열심히 핥아서, 나는 적에게 붙잡힌 첩보원처럼 입을 앙다물어야 했다. 그런 와중에 다른 한 마리가 또 껑충 올라탔다.

나는 보기 민망한 엉거주춤한 자세로 균형을 잡았다. 그리고 그런 내 앞에는 "나 지금 너무 행복해." 하는 말을 연발하면서 웃는 여자애가 있었다. 그 애는 마치 희망 가득한 명랑 만화 주인공처럼 맑고 또랑또랑한 목소리로 웃었다.

이번엔 또 다른 리머가 그 애의 등으로 뛰어올랐다. 찰랑이는 머리카락을 움켜쥐고 이리저리 흔들어댔다. 꼭 합체 로봇에 올라탄 괴짜 박사 같았다. 아무래도 그 애를 조종하려는 것 같았다. 우리는 완전히 리머의 장난감이었다. 아니면 온순한 실험 대상쯤. 그러면서 그 애는 자주 숨이 넘어갈 듯 자지러지게 웃었다. 고압 전류에 감전된 사람처럼 행복에 몸부림쳤다.

솔직히 내가 감당할 수 있는 수준의 밝음이 아니어서 반응하기 어려웠다. 내 팔뚝을 붙잡고 꾸밈없이 웃는 그 애 앞에서 나는 뻣뻣한 목석이 되어버렸다. 원체 나는 무미건조한 인간이다. 그러나 고백건대, 그 순간 그 애보다 더 행복했던 건 아마 나였을 것이다.

신기한 동물들의 짓궂은 장난과 까르르 하는 그 애의 웃음소리에 나는 진심으로 멋진 하루라고 생각했다. 행복엔 여러 종류가 있겠지만, 그중에서 가장 시원 상큼한 형태인 것 같았다. 세상이 반짝반짝 눈부셨다. 보이고 들리는 모든 것이 푸르고 싱그럽게 느껴졌다. 숲속 어디선가 진줏빛 안개가 뭉게뭉게 피어나 나쁘고 악한 기운을 한껏 빨아들이는 것 같았다.

이렇게 시간이 지나고도 또렷이 기억되는 행복의 순간은 흔치 않다. 대부분의 행복은 슬픔이나 좌절만큼 날카롭지 않아서 깊이 파고든 자국을 남기지 않는다. 그저 포근히 공기를 감싸고 있다가 향기 정도만 어렴풋이 남을 뿐이다.

하지만 그날의 행복은 맑고 선명했다. 차가운 겨울 바다에 뛰어든 것처럼, 온몸으로 느낄 수 있었다. 비록 뻣뻣이 굳은 목석이라는 게 아쉽긴 했지만.

나는 그 애가 참 부러웠다. 어떻게든 행복을 마음껏 내보일 수 있다는 건 부러운 거다. 나 같은 인간은 그게 어려워졌다. 너무 웃어서 가슴 아래가 아프고, 숨이 턱턱 막히는 일이 어떤 것인지는 나도 안다. 그게 그렇게 별일 아니라는 것도 안다. 하지만 앞으로 그렇게 웃을 수 있는 순간이 얼마나 더 있을까 생각하면 마냥 기분이 좋지만은 않다. 그만큼 행복한 일이 다시 일어나지 않을까 봐 걱정하는 것은 아니다. 단지 내가 다시 그만큼 웃을 수 있는 사람일까 그게 걱정이 된다.

나는 구김 없는 어른이 되고 싶었다. 내가 좋아하는 저 동물들처럼. 그런데 지금의 나는 내가 느끼는 감정을 온전히 표현하는 데에 어려움을 겪는다. 좋아하는 사람들을 만나도 데면데면 행동하게 되고, 가까운 사람에게 웃는 표정을 들킬 때면 어색하고 겸연쩍은 마음이 든다. 눈을 마주치지 못하고 고개를 쏙 돌리게 된다. 자라온 과정에 특별히 아픈 상처가 있었나 떠올려보면 그렇지도 않다. 대체로 평범했고, 적당히 즐거웠고, 행복했던 기억도 많다.

하지만 무심코 흘려보낸 시간 속엔 알게 모르게 흠집 내고 간 일도 많았던 모양이다. 기억 자체야 대부분 소멸해 버렸지만 굳은살 박인 마음은 하루하루 무뎌져 간다. 웬만큼 작은 시련쯤 대수롭지 않게 넘길 수 있어 좋지만 그만큼 무뚝뚝한 사람이 되어가는 것은 모른 척 넘길 수가 없다. 그게 못내 아쉽다. 한번 구김 줄 잡힌 마음은 자그마한 일에도 쉽게 아니꼬워진다. 세상에서 조금이라도 튀어나온 것들을 모났다고 판단하게 된다. 이 나이에 벌써부터 이러면 어쩌나 싶다.

그래서 아이처럼 웃는 사람들을 보면 기분이 좋으면서도 그립고 질투가 난다. 내가 즐기지 못하는 것을, 잃고 싶지 않았던 것을 저들만 누리는 듯하다. 나도 행복한 순간에는 다시 아이로 돌아가고 싶다. 체면이고 가식의 껍데기고 없었던 처음의 얼굴을 하고 싶다. 그런 얼굴로 마음껏 웃는 거다. 내 행복이 쓸데없는 습관에 엉클어지거나 흐려지지 않고, 주변 사람들에게 전이될 수 있을 만큼 해맑게.

나는 내가 느끼는 만큼 웃지 못해 인생에서 얼마나 손해 보고 사는 것일까.

참 멋진 웃음소리였다. 그 발랄한 웃음은 고요한 숲속 풍경 가득 생기를 불어넣었다. 옆에 있는 나로 하여금 풋풋한 초여름을 느끼게 했다. 만약 그 웃음이 없었다면 이토록 좋은 기억으로 남지는 못했을 것이다. 나는 그 애를 만나 진심으로 행복했다.

아이처럼 행동하는 어른은 많지만 아이 같은 어른은 흔치 않다.

숲을 걸어 나오며 그 애가 말했다.

"매일이 오늘 같았으면 좋겠어. 언젠가 여행이 끝나더라도."

나도 그렇다고 대답했다. 그리고 아마 그 애라면 그럴 수 있을 것이라 생각했다.

며칠 후 나는 섬을 떠났고, 그 애는 그곳에 남았다.

마다가스카르엔 동화 속 풍경처럼 커다란 바오밥나무가 많습니다.

그래서 종종 거인들 가랑이 사이를 지나다니는 기분이 듭니다.

무엇에도 얽매이지 않는

✦ 페루 콜카 캐니언

계절이 얼마나 흘렀을까? 여행자에게 계절은 강물 위 조각배처럼 일정한 방향으로 흘러가지 않는다. 때로는 봄에서 겨울로, 그러다 한순간에 태양이 독기를 품는 여름으로 변하기도 하는 것이다.

일 년에도 수차례 계절의 역행을 경험했다. 해가 떠 있는 시간과 시차도 끊임없이 변하는 탓에 익숙했던 시간 감각은 무뎌지고 조각조각 흩어졌다. 평일과 주말의 분간은 진즉에 잊었고, 자연스레 무엇이 먼저의 기억이고 나중의 기억인지도 흐릿해졌다. 여행이 길어질수록 나는 시간을 잊고 살았다.

시간뿐이 아니다. 때때로 공간도 잊었다. 언젠가 일 년 동안 50여 개 나라를 돌아다녔을 때, 아침에 눈뜰 때마다 습관적으로 했던 일은 여기가 어딘지 생각해 내는 것이었다. 어느 도시인지, 어떤 나라인지,

{ 안데스 콘도르 }
남아메리카 안데스 산맥의 고산 지대에 서식하는 초대형 맹금류. 기류를 타고 활공하는 비행 능력이 뛰어나 몇 번의 날갯짓만으로 수백 킬로미터가 넘는 거리를 날 수 있다. 과거 잉카 시대에는 천상 세계와 자유를 상징하는 신성한 동물로 여겨졌다.

심지어 잠에서 깨어난 게 맞긴 한 것인지 멍하니 천장을 바라보며 생각했다.

금방 떠올릴 수 없는 날도 많았다. 침대에서 바라본 다인실 내부는 대부분 비슷하게 생겼기 때문에 방 안 구조만으로 장소를 구분하는 건 혼란스러운 일이었다. 에콰도르건 르완다건 아제르바이잔이건 간에 값싼 여행자 숙소 객실엔 별다른 개성이 없다. 그저 작은 방에 삐걱대는 이층 침대가 꽉꽉 들어차 있을 뿐이다.

어쩌다 지금의 장소에 익숙해지려 해도 완벽히 다른 아침이 나타나 도로 기억을 뒤죽박죽 섞어버렸다. 하루 처음을 맞는 다른 촉감, 다른 소리, 다른 냄새. 그저께의 내가 텅 빈 사막 한가운데 침낭 속에서 눈을 떴다 해도, 다음 날의 나는 공항 구석 알루미늄 의자 위에서 눈을 뜨기도 했던 것이다.

그렇게 정신없이 오락가락 긴 여행을 이어갔다. 발길 닿는 대로 떠도는 내게 시간과 공간은 언제든 변할 수 있는 것이었다. 한마디로 시공간 탈피. 공상 과학 소설에서나 가능한 일이 어렴풋하게나마 이루어지는, 한없이 자유로운 생활이었다.

다만 어느 곳에도 쉽게 정들 수 없었다. 떠도는 동안은 늘 아무런 소속감 없는 이방인으로 살았다. 날마다 새로운 베개에 머리를 맞대고 다른 천장을 올려다보는 생활은, 어디서든 겉도는 느낌을 동반했다.
나는 늘 '떠나야 한다'는 강박증에 시달리는 하루살이 같았다.

그래서 자주, 쉽게 지쳤다. 자유로운 생활이 꼭 편안한 생활을 의미하는 것은 아니었다. 익숙함이 좋은 것은 안전하다고 느끼기 때문이다. 반면 새로운 것은 낯설고, 낯선 것은 무섭다. 생존 경쟁에서 벗어난 삶은 머릿속 대부분 스트레스를 지워냈지만, 외딴 도시 어둑한 골목길을 홀로 걸을 때면 더럭 겁에 질리곤 했다.

잠시 긴장을 푸는 날에는 어김없이 사건 사고가 일어났다. 인종 차별, 소매치기, 그런 건 흔하다. 강도는 대뜸 어깨를 짚고, 사기꾼은 다정한 미소를 건넸다. 거리를 걷다가 난데없이 얼굴에 주먹이 날아든 적도 있다. 햄버거를 먹다가 카메라를 도둑맞기도, ATM에서 돈을 뽑다 카드가 복사되기도 했다. 눈빛이 이상한 사람들에게 악담인지 으름장인지 모를 소리도 종종 듣게 된다.

지구는 보석처럼 아름답지만 선의로 가득 찬 세상은 아닌가 보다. 매일같이 허리 지갑을 찬 채로 잠이 들었다. 눈을 감고도 허리춤의 여권과 백 달러 지폐를 만지작거렸다. 사라지지 않는 옅은 긴장이 시커먼 그을음처럼 얼굴에 묻었다.

하지만 그런 생활이 어땠느냐 묻는다면 그래도 행복했다 말할 것이다. 여행에서 불편하고 힘들었던 기억은 며칠만 지나도 모래알처럼 흩어져 버렸으니까. 지나고 생각하면 내가 겪은 것은 극심한 고생도 아니었고, 뼈아픈 상처로 남을 일도 아니었다. 작은 해프닝에 불과했다. 떠나고 떠나는 여행은 고통이 한군데 고일 수 없게 만드니까.

그러니 내가 생각하는 여행은, 아무리 직업이고 사람을 성장시키고 하든 간에, 결국 돈 써서 노는 일이다. 현실 바깥의 일이다. 다만 위에서 말한 대로 모든 것이 아름다운 이상은 아니어서, 여행은 현실과 이상 경계에 사는 일이다.

그것은 피곤할지언정 견딜 수 없는 괴로움을 만들진 않는다. 대체로 고통은 벗어날 수 없다는 절망을 먹고 자라는 탓에, 현실엔 그보다 힘든 일이 많다. 타인이 이해하기 힘든 고통, 웬만한 용기로는 도망칠 수 없는 고통도 있고, 시간만으론 해결되지 않는 고통도 있다.

그래서 나는 여행이 힘들어서 그만두고 싶다는 생각은 하지 않았다. 그러기엔 여행의 자유로움이 주는 해방감이 너무도 달콤했고, 오히려 내 젊은 시절을 다양한 경험으로 빼곡히 채워 넣을 수 있다는 것에 가슴 벅찼다. '지구에 어디든 내가 가지 못할 곳은 없지.' 하는 자신감으로 살았다.

가끔은 이 모든 걸 티 내고 싶어서, 자랑하고 싶어서 안달이 났다.

어디서 여행 얘기만 나오면 괜스레 우쭐거리고 싶어졌다. 입가에 맴도는 무용담이 가시 돋친 열매처럼 찔러댔다.

영국의 시인 '존 던'은 이미 16세기에 이런 말을 했다.

"사람이 행하기 어려운 일 중 하나로 외국에 다녀온 사람의 입 다물기가 있다."

그게 바로 내 얘기였다.

하지만 점점 입을 열기 망설여지는 건 왠지 모를 겸연쩍은 마음 때문이다. 나는 내가 스스로 번 돈으로 여행했다는 사실에 뿌듯함을 느끼지만, 그럴 수 있었다는 것 또한 행운이라는 것을 안다. 현실 밖으로 떠났다 올 기회는 사치라면 사치다.

내가 지구를 여행하며 가장 많이 본 풍경은 아름다운 도시나 자연이 아니었다. 그보다는 어디에나 있는 각양각색 가난의 모습이었다. 제법 먹고살기 좋은 세상이 되었다지만 지구엔 여전히 허름한 옷차림으로 구걸하는 사람이 넘쳐난다. 가난한 마을엔 떠돌이 들개마저 병들어 있다. 악취 나는 쓰레기 더미에서 먹을 것을 찾는 아이들은 흔하고, 평생 태어난 마을을 한 번도 벗어나지 못한 채 생을 다하는 사람들도 더없이 많다. 내가 시켜 먹고 남은 음식이 종업원들의 식사가 되는 것도 수없이 겪었다. 일부러 남기면서도, 그건 배려라기보다 불편함을 감추기 위한 반사적인 행동에 가까웠다.

가난은 참 못됐다. 그렇지 않은 사람들은 온전히 공감할 수 없다는 것이. 심지어 그 노골적인 광경은 무척이나 야성적이고 원초적인 것이어서, 있는 사람들로 하여금 아름답다고까지 착각하게 만든다. 가난이 누군가의 엽서 속 배경으로 태어나는 건 숱하게 흔한 일이다.

그래서 여행을 하면 할수록 내가 누리는 자유로움을 공정하지 못한 것처럼 느꼈다. 그런 거리에서 건강한 혈색으로 돌아다니다 보면 종종 목에 건 카메라를 숨기고 싶을 때도 있다. 세상의 불합리를 책임 없이 떠벌리고 다니는 기분. 어쩌면 나는 질투심이 사회의 지배적인 감정이 되는 데에 힘껏 일조하고 있는지도 모르겠다.

그래서인지 "멋져 보이네요, 하고 싶은 걸 하면서 사는 인생이. 용기가 대단해요." 같은 말을 듣게 되면 어쩐지 멋쩍은 기분이 들어 코를 만지작거리게 된다.

나는 정말로 운 좋게 하기 싫은 것에서 도망치고 살았을 뿐인데.

한번은 문득 내가 이런 자유로운 삶을 살고 있다는 사실에 공연히 벅차오른 적이 있었다. 아마 열 달쯤 계속 여행하고 있을 때였나. 페루 안데스 산맥에서 승합차를 타고 골짜기 절벽 길을 지나는 중이었다. 지극히 평범한 길이었는데, 그냥 이런 삶이 감사해서 뜬금없이 눈물이 났다. 지금 생각하면 '그렇게 울컥할 일이었나?' 싶어 조금 창피하기도 하지만.

처음부터 그런 건 아니었다. 이른 새벽이라 다른 승객들은 곤히 잠들어 있었고, 나는 홀로 깨어 창밖을 바라보고 있었다. 밖은 골 안개가 잔뜩 피어올라 온통 잿빛 세상이었다. 날이 무척 쌀쌀해 파란 침낭을 꺼내 덮고 있었던 것까지 기억한다. 차는 조심조심 천천히 굴러갔다. 짙은 안개가 시야를 완전히 가려 희미한 가드레일 빼고는 아무것도 보이지 않았다. 절벽 아래를 내려다보아도 그저 꽉 찬 안개뿐. 무섭다는 생각조차 들지 않았다. 마치 밀도 높은 식빵 속에 뚫린 긴 터널을 지나는 느낌이었다.

나는 비닐봉지에서 식은 엠파나다 하나를 꺼내 먹었다. 중남미에서 흔히 먹는 튀긴 만두 같은 음식이다. 정확한 맛은 기억나지 않지만 소고기인지 양고기인지 모를 다진 고기가 듬뿍 들어 있었다. 그런데 갑자기 지금 이 장면이 너무도 낯설고 이국적으로 느껴졌다. 안개에 휩싸인 바깥 풍경, 옆에서 코를 골며 자고 있는 나와는 다른 인종의 사람들, 엠파나다에서 풍겨오는 묘한 향신료 냄새.

그 커져 가는 이질감이 홀연 파도처럼 나를 덮쳤다. 나는 나와 어울리지 않는 풍경 속에서 스르륵, 젖은 스티커처럼 떨어져 나와 버렸다.

새삼 사람 인생이 이렇게나 달라질 수 있다는 게 신기했다. 한 나라에서 나고 자란 사람 대부분이 그러하듯이, 나 역시 홀로 외국에 나가는 것 자체를 두려워하는 사람이었다. 엘살바도르? 짐바브웨? 이름만 들어도 공포 영화 제목 같고 무서웠다. 텔레비전 다큐멘터리에 나오는 사막이나 사바나, 빙하의 풍경을 보면서 '저런 곳에 가는 사람들은 대체 어떤 식으로 살아온 걸까?' 하고 가볍게 넘겼다. 나와는 전혀 다른 세상의 이야기로 단정 짓고 살았다.

한데 사람 일 참 모를 일이다. 그렇게 겁 많던 내가 이리저리 유랑하는 방랑자가 되어 있다니. 지구 반대편 안개 낀 절벽에서 태연히 만두나 베어 물고 있다니. 말도 통하지 않는 곳에서 기껏 배낭 하나 짊어지고, 휴대전화도 쓰지 않고.

이런 생각을 하다 보니 삶이 제법 흥미롭다고 느꼈다. 인생이 꼭 예측한 대로 흘러가지 않는 게. 그리고 그런 인생도 어느새 당연한 것처럼 받아들일 수 있게 된다는 게. 나는 늘 미래를 예측하며 살려고 했는데, 정작 기억에도 없는 과거가 지금의 내 일상을 만들었다.

그래서 울기는 왜 울었느냐고? 글쎄, 건방지게 들릴지 모르겠지만, 어쩐지 복권에 당첨된 인생을 사는 것 같았다. 정확히는 지구 여기저기 마음대로 갈 수 있다는 게 행복해서, 내가 번 돈을 하고 싶은 일에 쓸 수 있다는 것에 감사해서 눈물이 났다. 무엇보다 그런 기회가 팔팔하게 젊을 때 왔다는 게 너무도 운이 좋다고 느꼈다.

생전 몰랐는데, 나는 지구에서 행운아 중의 행운아구나. 그때는 진심으로 그렇게 느꼈다. 그래서 훌쩍훌쩍 울었다. 딱딱히 식은 만두를 먹고 있자니 목이 멨는데, 눈물이 나서 더 목이 메었다.

골짜기를 빠져나오자 순식간에 안개가 걷혔다. 어느새 구름보다 훨씬 높이 올라온 것 같았다. 해발 4,000미터가 넘는 고지대였으니, 정말로 웬만한 구름보다 위에 있었다. 귀가 먹먹해져서 침을 꿀꺽 삼켰다.

차는 전망대 앞에 멈춰 섰다. 밖으로 나오자 그렇게 상쾌할 수가 없었다. 하늘이 몹시 맑고도 쾌청한 것이 이제야 제대로 된 가을날 같았다. 한참을 울었다고 해서 우울하지도 않았다. 울고 나면 오히려 개운해진다.

낮은 돌담이 있었고, 돌담 너머로는 천 길 낭떠러지였다. "와! 와!" 보고 있어도 계속 감탄이 나왔다. 세상에, 이렇게 거대한 골짜기가 있다니. 미국에서 보았던 그랜드 캐니언보다 두 배는 족히 깊었다. 마치 지구가 내장을 드러낸 상처 같았다. 까마득한 협곡 아래로는 실처럼 가느다란 물줄기가 도도히 흐르고 있었는데, 어찌나 골이 깊은지 잠시만 내려다보고 있어도 눈앞이 아득해 왔다.

그곳은 뭐랄까, 난폭한 맹수처럼 야성적인 냄새가 가득 풍기는 장소였다. 산등성이 위를 누렇고 메마른 풀이 듬성듬성 덮었고, 삐쭉 솟은 선인장과 바위가 나머지를 채웠다. 하나같이 억세고 거칠어 보였다.

다만 그런 풍경은 적당히 장단 맞춰주는 정도에 지나지 않았다. 압권은 협곡 맞은편의 깎아지른 절벽. 오랜 독기를 내뿜듯, 검푸른 빛으로 물들어 있는 절벽이었다. 협곡이 깊은 만큼 절벽도 거대했다. 그런데 크기가 지나치게 크면 되레 입체감이 사라진다. 차마 눈으로 가늠할 수조차 없는 수준이어서 온갖 기암괴석이 박혀 있음에도 하나의 평평한 칠판처럼 보였다. 어딘가 지구의 물리 법칙이 망가진 느낌. 세상이 '스리-디'였다가, 갑자기 '투-디'로 이어진 것 같았다.

그렇지만 매끈한 질감의 칠판은 아니었다. 이 빠진 면도칼로 마구 긁은 것처럼 보이는, 물이 흘러내렸을 틈에서 하얗고 푸르스름한 빛이 났다. 그런 날 선 스크래치가 오래된 자동차 범퍼처럼 가득했다. 그야말로 지구라는 행성이, 헤아릴 수 없는 세월과 힘으로 그려낸 풍경이었다. 그런 압도하는 풍경이 코앞에 있었다. 사람은 절벽 틈에 낀 머리카락만큼 정말 작았다.

'멋지다, 멋져. 살면서 이런 곳에도 다 와보고.'
나는 또다시 감격해서 코끝이 살짝 찡해졌다.

사람에겐 누구나 '사소하지만 마음에 드는 장면' 하나쯤 있지 않을까? 이렇다 할 만큼 특별하지는 않아도, 보고 있으면 박하사탕을 입에 문 것처럼 마음이 환해지는. 예컨대 투명한 파도에 백사장 발자국이 씻겨 나가는 장면이라든지. 내게도 그런, 주머니 속에 쏙 넣어두고 싶은 알사탕 같은 장면이 더러 있다. 그중 말해도 부끄럽지 않은 부류의 하나는, 광활한 자연에서 빠르게 움직이는 동물을 보는 것이다.

새들이 유유히 창공을 날아가는 것을 보고 있으면, 짐승이 드넓은 초원에서 마음껏 달리는 것을 보고 있으면 그렇게 후련한 기분이 든다. 생각만 해도 근사하지 않나? 하늘을 숨 쉬게 하는 펄럭이는 날갯짓, 초원의 심장 박동을 일깨우는 역동적인 발굽 소리.

나는 어째서인지 내 것도 아닌 그 자유로움에 흡족함을 느끼곤 한다.

그날 절벽에서도 새 한 마리를 보았다. 오직 단 한 번, 골짜기 사이를 미끄러져 날아가는 새를 멀찍이 위에서 내려다보았다. 집채만 한 날개를 활짝 펼친 그 새의 이름은 콘도르. 잉카인들에겐 침략자에게

저항했던 위대한 영웅의 환생처럼 여겨지는 신성한 새다. 거룩한 안데스의 가장 높이 나는 새가 되어, 생에 누리지 못했던 자유를 마음껏 누리고 있는 것이다.

그때의 그 기분 좋은 에너지를 기억한다. 돌연 바람을 가르며 나타난 거대한 새 한 마리는, 보이지 않는 세상 너머에서 싱싱한 활기를 몰고 왔다. 가물었던 대지에 함빡 소나기가 쏟아진 느낌이었다. 콘도르는 험한 협곡을 제집처럼 편안히 비행했다. 한 치의 흐트러짐 없는, 단단한 자세로 날았다. 일직선으로 움푹 파인 골짜기가 곧게 뻗은 코스처럼 보여서, 녀석은 꼭 타고난 썰매 선수 같았다.

그 이상적인 활공을 지켜보는데 어찌나 마음이 두근거리던지. 나는 내 눈으로 직접 그 성스러운 새를 봤다는 사실이 이루 말할 수 없이 기뻐서 곧바로 자랑하고 싶어졌다. 뭔가 대단한 예언이라도 목격한 것처럼 또다시 우쭐해졌다.

마을로 돌아가는 길. 이제 절벽 길의 안개는 완전히 걷혀 있었다. 좌석이 반쯤 비어 있어 편안한 자세로 기대 누웠다. 뒤늦게 피로와 허기가 천천히 육신을 짓눌러 왔다. 고개를 끄떡끄떡하며 정신없이 졸다가 문득 정신을 차리고 보니 창밖에 석양이 저물고 있었다. 비몽사몽간에 눈으로만 담았다.

한적한 도로 위로 쏟아지는 노을은 참으로 멋지고 아름다웠다. 어둠이 내리기 직전, 화사한 하늘빛에 세상 모든 외곽선이 부드럽게 뭉그러졌다. 어디든 선명한 오렌지색이 되어버려서, 이렇게 나도 오렌지가 되어가는 걸까 싶었다. 아주아주 탐스럽게 잘 익은 오렌지. 오렌지는 아까 본 새를 벌써부터 그리워했다.

'과연 새는 날아야 새다.'

그러고는 밀려오는 잠의 늪에서 마음속 깊이 생각했다.

'지구가 내가 사는 집이고, 하늘이 온통 천장이면 좋겠다.'

요즘의 나는 하나의 장소와 하나의 시간에 산다. 매일 똑같은 길로 작업실에 출퇴근하며, 달력 격자에 갇힌 숫자처럼 살아간다. 전처럼 긴 여행은 이런저런 변명 속에서 자꾸 미뤄지고 있다. 그러나 지금도 가끔 그날의 장면을 떠올릴 때가 있다. 구름 한 점 없는 맑고 푸른 가을 하늘, 깊은 계곡을 부드럽게 가르는 거대한 새의 날개.

나는 여전히 그렇다. 비좁은 새장에 갇힌 새를 보면 가슴이 아프고, 낡은 철창에 둘러싸인 길짐승을 보면 안타까운 마음이 든다. 그래서 마음속으로 입을 모아 외친다.

"녀석들이 자유롭게 살게 해줘, 마음껏 본성대로 살게 해줘."

그러나 현실에 부딪히며 살아가다 보면 스스로 작은 우리 속으로 들어가는 겁 많은 나 자신을 발견할 때가 있다. 그럴 땐 마음이 복잡하다. 나는 독수리처럼 살고 싶지 않았나? 치타처럼 살고 싶지 않았나?

세상 앞에 자꾸만 움츠러드는 나를 보는 것은 힘난한 현실보다 슬픈 일이다. 나는 내 입에서 현실적인 말만 나오게 되는 것이 무섭다. 그래서 자주 의식적으로 여행에서 다짐했던 말들을 떠올리려 애쓴다.

'어딘가 얽매여 있다 생각하고 살지 말아야지.'

'나 스스로 작은 것에 구속하며 살지도 말아야지.'

나는 경계에 사는 사람이고 싶다. 현실과 이상을 자유롭게 넘나들면서. 언제 어디든 떠날 수 있다 생각하고 사는 것은 언제 어디서나 새로운 모습으로 살 수 있다고 믿는 것과 별반 다르지 않다. 그리고 그런 생각이 나를 덜 불안하게 한다.

'인생이 어떻게든 고이지 않고 흘러가고 있구나.' 하고 안심하게 만들며.

사람은 모두 날개 다친 철새다. 하지만 가끔은 바람만으로도 공중에 뜰 수 있다는 걸 기억해 내곤 하는. 어쩌면 진정한 자유는 나를 가두는 문이 없다는 걸 깨닫는 것일지도 모르겠다.

나는 아직도 그 문을 열쇠 없이 열 방법을 찾고 있다.

언젠가 제가 원했던 모습대로 살고 있습니다.

그러나 또다시 언젠가 이루고 싶은 삶을 그려내며 삽니다.

EPILOGUE

희망은 너구리처럼 튀어나온다

조용히 혼자 다니다 보면 어느 순간 풍경보다 움직이는 생명체에 더 눈길이 간다. 특히 동물은 쳐다보는 데 부담도 없고 말도 통하지 않으니, 괜히 더 오래 들여다보게 된다. '얘는 야밤에 마실이라도 나온 걸까?' 내 나름대로 상상해 보면서.

이 책은 언젠가 여행 중 그렇게 동물을 바라보며 했던 상상들을 되새기며 썼다. 그때의 정든 수첩을 책상 위에 펼쳐 놓고서. 다행히 흘러갈 뻔한 생각들이 글자에 고스란히 붙잡혀 있었다. 하지만 그 순간들만큼은 점점 '그 동물'로 남은 것이 아니라 '그 동물을 바라보던 나'로 바뀌어 있다. 이건 동물이 흔히 가진 무심하고 편안한 힘이다. 끊임없는 관찰은 곧 거울이 된다.

그래서 이 책은 자연스레 여행보다 동물, 동물보다 사람에 관한 이야기가 됐다.

한국에서도 그런 순간은 이어지고 있다. 나는 늘 퇴근길에 자전거를 탄다. 늦은 밤 작업실에서 나와 한강 다리를 건너고, 양재천을 따라 천천히 페달을 밟는다. 몇 년째 루틴 삼아 지켜오고 있는, 고요하고 상쾌한 하루의 마무리다.

그런데 가끔, 아주 늦은 밤 수풀 속에서 불쑥 튀어나온 너구리와 마주친다. 낯설지는 않다. 나는 태어나서 줄곧 이 동네에 살아왔으니 이런 장면을 서른 해 넘게 종종 봐온 셈이다. 그러니까 어릴 적부터 익숙한 만남인데, 그렇다고 신기하지 않은 건 또 아니다. 볼 때마다 자전거를 멈추게 된다. 여전히 발 달린 행운을 만난 것처럼 반갑고, 쉴 새 없이 사진을 찍게 된다. 그러면 너구리도 지그시 나를 쳐다보며 말한다.

'어이 인간, 조용히 못 본 척하고 지나가는 게 좋을걸?'

예나 지금이나 한밤의 시크한 너구리는 늘 나를 상상하게 만든다. 도심 속 밤고양이로 위장 출근하는 그 능청스러운 몸짓을 보고 있으면 이상하게 마음이 풀어진다.

아무래도 동물에겐 사람을 상상의 세계로 이끄는 묘한 재주가 있는 것 같다. 일찍이 인류는 동굴에 숨어 살던 오랜 옛날부터 동물에 관해 그림을 그리고 이야기를 만들어왔다. 녀석들 움직임 하나하나에 어떤 의미가 있을지 추측해 보았고, 눈동자 너머에 숨겨져 있을 또 다른 세계를 궁금해했다. 이렇듯 동물은 언제나 인간의 상상력에 활활 불을 지피는 존재였다. 그리고 나는 이런 상상력이 요즘 같은 시대에 꼭 필요하다고 믿는다.

사실 도시에 산다는 건 편안하면서도 은근히 고단한 일이다. 인류가 이뤄온 발전은 대부분 '효율'과 '합리성'이라는 단단한 틀 위에 세워져 있지만, 삶이라는 건 좀처럼 그 규격에 들어맞지 않기 때문이다. 노력하는 잠깐이라면 모를까, 인생은 대체로 그렇게 반듯하게 흐르지 않는다. 가끔은 너무도 어설프고, 기대에 못 미치게 서툴고, 엉뚱하기까지 하다.

그렇다 보니 도시에선 그저 내 모습대로 살았을 뿐인데도 종종 '규격 외' 인간처럼 느껴질 때가 있다. 존재만으로도 남에게 피해를 주는 것 같은, 별종이 된 기분. 그런 자책은 서서히 조바심으로 번져 나간다. '실상을 들키면 어쩌지?' 하는 두려움도 함께 부채질하면서.

결국에는 완벽에 가까운 건 극소수의 일인 걸 알면서도 나 스스로에게, 그리고 주변 사람들에게까지 치밀한 완벽함을 강요하게 된다.

이럴 때 동물이 초대하는 상상의 세계가 숨 쉴 틈이 되어준다. 이건 불안과 외로움을 부추기는 어두운 상상이 아니라 생명에 대한 선의와 호기심으로 빼곡히 채워진, 기분 좋은 상상이기 때문이다. 이런 긍정의 상상은 작게나마 희망을 불러일으킨다. 많은 게 용서되는 한껏 발랄한 세계를 꿈꾸게 한다. 여전히 살아 있음에 감사하게 하는.

이를테면 두 발로 걷는 고슴도치를 떠올리는 것만으로도 하루는 살짝 귀엽고 유연해진다. 그런 상상이 반복될수록 도심 속 나를 둘러싼 모든 것이 한결 가볍고 아기자기해진다.

나는 이런 명랑한 상상을 하는 사람이 많아졌으면 좋겠다. 세상에 그런 상상이 많아질수록 사람도 동물처럼, 모든 생명체는 완벽하지 않다는 걸 더 쉽게 받아들일 수 있을 테니까. 그리고 그런 부족함조차 서로가 '그럴 수 있지.' 하며 조금은 더 다정한 눈빛으로 바라보게 될 테니까.

물론 사람은 현실에 산다. 하지만 머릿속으론 언제든 자유롭게 떠났다 올 수 있다. 나는 이런 터무니없는 상상이 우리를 훨씬 더 즐거운 세상에 살게 한다고 믿는다. 그저 눈앞에 보이는 것에만 반응하고 살면 재미가 없다.

희망은 결국, 불쑥 튀어나온 너구리를 머릿속에서 맘껏 뛰어놀게 하는 일이다.

BONUS TRACK

버릇없는 궁둥이

'동물 책을 쓰자!'

이런 결심을 한 뒤 내가 가장 먼저 했던 일은 우리 집 거실의 주황색 고양이를 관찰하는 것이었다.

녀석을 몰래 지켜보다 보면 무슨 영감이라도 툭 튀어나오지 않을까 싶어서. 한편으론 토실토실 살찐 녀석에게도 '내면의 숨은 야성' 같은 게 있을까 궁금하기도 했고. 마침 여느 때처럼 몹시 한가했고, 집에는 놈과 나밖에 없었다.

말하자면 우리는 상당히 애매한 관계다. 일 년 열두 달 한 지붕 아래 살면서도 결코 끈끈한 관계라 할 수 없다. 그도 그럴 게, 녀석은 내가 오랫동안 집을 비운 사이에 슬쩍 입주해 버렸기 때문이다. 언제였더라. 어느 날 집에 돌아왔더니 녀석이 '짠' 하고 내 방 침대에 누워 있었다. 뭐 하는 녀석인가 싶었지만 부리나케 달아나는 뒤꽁무니 말고는 아무것도 보지 못했다. 분명 있었는데, 불을 켜자마자 감쪽같이 사라져 버렸다.

그렇게 한동안 녀석은 나를 피해 다녔다. 정말이지 너무하다 싶을 만큼. 나는 실체가 없는 허상의 고양이와 사는 기분이었다. 녀석이 머물렀던 자리에 남은 털과 온기만 있었을 뿐, 온전한 몸통을 보게 되는 일은 거의 없었다. 하기야 녀석도 예상치 못한 인간의 등장에 당황했으려나? 녀석에게는 내가 뻔뻔한 외지인이나 다름없을 테니까. 오자마자 방 하나를 떡하니 차지해 버렸으니, 나를 눈엣가시처럼 여겼을지도 모른다.

'이봐, 나는 네가 태어나기도 전부터 이곳에 있었다고.' 하며 말하고 싶지만, 하필 상대가 고양이인지라. 지내다 보면 언젠가 적응하겠지 하고 어색한 사이로 몇 달을 보냈다.

그리고 정말로 그렇게 됐다. 이제 녀석은 내가 옆에서 밥을 먹든 텔레비전을 보든 신경 쓰지 않는다. 함부로 손만 대지 않으면 된다. 굳이 서열을 따지자면, 녀석이 내 위로 올라섰다. 이제 녀석에게 나에 대한 인식은 '시답잖은 인간'까지 내려간 것 같다. 은연중에 약한 인간이라고 낙인이라도 찍힌 걸까? 언제부턴가 도망치기는커녕 고양이 특유의 냉소적이고 거만한 태도로 나를 대한다. 허리를 빳빳이 편 채 눈썹을 치켜올리며 '멍청하고 교양 없는 녀석 같으니.' 하는 눈빛을 보낸다. 그래도 동거인의 지위를 인정받았으니 다행이라면 다행인 걸까.

한때는 녀석의 이런 태도가 불편하기도 했다. 지금이야 작업실이 생겨 밖으로 출근하지만, 집에서 일하던 시절엔 녀석의 눈칫밥을 먹으며 지냈다. 뭐, 순전히 내 느낌이긴 하지마는 그만큼 자신감이 떨어져 있던 시기다. 가족들이 모두 출근한 집에 홀로 남겨지는 건 맞벌이 가구의 미취학 아동이 되는 기분이다.

나는 오랫동안 밤낮이 뒤바뀐 올빼미 생활을 했다. 그때는 다른 사람들이 하루를 끝마칠 시간에 일어났다는 게 꽤 민망한 일로 느껴졌다. 그래서 아침마다 가족들 앞에서 일찍 일어난 연기를 하기도 했다. 주섬주섬 아침 조깅이라도 나가는 척을 하면서. 그러다 혼자 남으면 비로소 잠에 들러 갔다.

근데 녀석, 그 거만한 고양이만큼은 내 실체를 꿰뚫고 있었다. 말로만 프리랜서를 표방하는 내가 얼마나 비생산적이고 게으른 생활을 하고 있는지를. 말하자면 이렇다. 오후 지나 느지막이 일어나면 온 집 안이 고요했다. 그때 슬그머니 기어나가 거실을 넘보면 '드디어 이 집을 차지했군.' 하고 착각하는 녀석이 대자로 뻗어 일광욕을 즐기고 있었다.

적어도 내가 그 달콤한 휴식을 방해하기 전까지는. 녀석은 사생활을 들켜서 상당히 언짢은 표정을 하고는 '뭐야? 너는 또 출근 안 했느뇨?' 하고 한심하게 쳐다봤다.

하지만 모두 지나간 일. 더는 고양이 눈치 따윈 보지 않는다. 나는 계획대로 녀석을 관찰하기 위해 거실 소파에 앉았다. 그게 아마 한 오전 열한 시쯤 됐을 때다. 녀석은 평소처럼 햇살이 쏟아지는 자리에 앉아 창가를 바라보고 있었다. 조금도 꼼작이지 않고, 인형처럼 가만히. 파란만장했던 길고양이 시절을 아스라이 되새기는 중인지, 아무 생각 없이 졸고 있는 것인지 나는 모른다. 대낮의 녀석은 늘 햇살이랑만 이야기한다.
뒤에서 책이나 읽으며 한참 말없이 지켜보았다. 녀석은 쭉 그러고 있었다. 묘하게 엄숙한 분위기 탓에 인기척을 내기도 괜히 미안해졌다. 그래서 꾸어다 놓은 보릿자루처럼 있었다.

먼 나라 중동 숙소에서 만났던 주인아저씨가 얼핏 생각났다. 이슬람교도인 아저씨는 매일 기도할 시간만 되면 거실 카펫에 코가 닿도록 절을 했다. 당시 나는 숙소에 묵는 유일한 방문객이었는데, 그때도 똑같이 소파에서 지켜보고 있었다. 그때도 지금과 비슷하게 묘한 기분이었다. 부산하고 수다스럽기만 하던 아저씨가 돌연 납작 엎드린 석상처럼 굳어버렸다. 햇빛에 빤들거리는 아저씨 어깨에서 아지랑이 같은 것이 피어올라 거실을 가득 메웠다. 공간은 깊다란 침묵 속에 가라앉았고, 옆에 있던 나도 함께 휩쓸려 빠져들었다.

맥락 없는 얘기지만, 고양이를 지켜보다 보니 스멀스멀 그 아저씨 생각이 났다. 그래서 말인데, 어쩌면 고양이에게도 종교가 있는 게 아닐까? 아마 고양이들은 그들과 비슷하게 생긴 태양신을 믿을 것이다. 그렇지 않고서야 매일 저렇게 햇빛만 바라보고 살 수 있나.

나는 금세 싫증이 났다. 탐미주의자 같은 고양이는 온전히 저만의 아름다움 속에서 굳게 문을 닫고 산다. 솔직히 달해 고양이와 사는 것은 강아지와 사는 것만큼 재밌지 않다. 둘은 마음가짐부터 다르다. 강아지가 통통 튀는 고무공이라면, 고양이는 차디찬 볼링공이다. 강아지는 공 하나를 던져줘도 세상에 즐거운 게 공 하나뿐인 것처럼 열과 성을 다해 논다. 그러나 고양이는 그렇게 살갑지 않다. 집에 고양이 전용 장난감이 있다. 장식된 방울이 달려 있는 기다란 장대인데, 마구잡이로 흔드는 것이 아니라 잡힐 듯 말 듯한 생쥐처럼 흔들어야 한다. 그래야 녀석이 최소한 관심이라도 갖는다. 하지만 그것도 몇 번 잡혀주고 나면 끝. 녀석은 늘 돌연 홱 돌아서서는 '자, 이만하면 됐지?' 하고 말하는 양

제 갈 길을 간다. 참으로 매정한 고양이다.

물론 녀석을 지켜보는 게 흥미로울 때도 있긴 하다. 이를테면 무언가 푹신한 것을 주물럭거리고 있을 때. 두 앞발을 번갈아 가며 베개나 이불 같은 것을 꾹꾹 눌러대곤 한다. 이유는 알 수 없지만, 그럴 때 녀석의 표정이 몹시 진심이다. 어쩐지 스포츠 마사지사처럼 보이기도 하고, 묵묵히 수행하는 무도인처럼 보이기도 한다. 그래서 나는 은근히 마음속으로 응원하게 된다.

녀석이 가장 기분 좋을 때는 발라당 배를 보이며 드러누워 있을 때다. 주로 창가나 난로 앞에서 그러고 있을 때가 많은데, 이럴 때 몸을 낮추고 공손히 다가가면 특별히 만지고 쓰다듬을 수 있도록 허락해 주기도 한다. 그러면 녀석은 '그르릉' 하면서 흡족한 소리를 낸다. 온몸을 미세하게나마 바르르 떤다. 나는 정말로 그 떨림이 좋아서 녀석을 쓰다듬곤 한다.

새벽 한 시. 이만 잠에 들려고 하는데, 녀석이 내 방 문 앞에서 서성거렸다. 그러더니 눈도 안 마주치고 쪼르르 다가와 불쑥 궁둥이를 들이밀었다. 녀석이 먼저 나를 찾는 경우는 딱 두 가지뿐이다. 집에 사람이 나밖에 없는데 배가 고플 때, 아니면 이렇게 볼기짝에 닿아 있을 따듯한 무언가가 필요할 때.

하여간 이상한 고양이다. 낮에는 털끝 하나 못 만지게 하더니 이 야심한 밤에 와서 나를 찾는다. 내가 자기를 만지지 않고 버티고 있으니, 고개를 반만 쓱 돌려 짜증스럽게 한 마디 던진다.

"미야오오."

이건 이런 뜻이다.

'뭐 하느뇨, 인간. 어서 두들기지 않고서.'

부탁하는 태도가 영 글러 먹었다. 고양이 종으로서의 자존심, 뭐 그런 걸까.

그래도 고양이에게 예절을 가르칠 수는 없는 노릇이니, 해달라는 대로 만져준다. 어찌 된 게 날이 갈수록 거대하고 펑퍼짐한 궁둥이다. 이러나저러나 녀석은 만족스러운지 평화롭게 숨을 쌔근거리며 얌전히 있는다.

흡족한 놈은 다시 한번 "미야오오." 하면서 몸을 일으켰다. 아장아장 기분 좋은 발걸음으로 방문을 빠져나갔다.

녀석은 낮에 보면 흰 수염을 늘어뜨린 노인 같다가도, 이럴 땐 더없이 순진무구한 어린아이 같다.

자고 일어난 다음 날, 거실로 나오자 녀석은 또다시 온몸으로 햇살을 받아내고 있었다. 사방이 호수처럼 고요한 와중에, 반짝이는 고양이 털은 고고한 황금빛으로 물들어 갔다. 이른 아침의 노파심 탓일까? 문득 녀석의 건강이 걱정됐다. 뒤에서 보니 살이 쪄도 너무 둥그렇고 빵빵하게 쪄서. 일광욕을 즐기는 녀석은 잔뜩 우월감에 젖은 표정을 하고 있었지만, 내 눈엔 그저 자연 해동 중인 냉동 다코야키 같았다.

어쨌든 그 모습이 조금은 쓸쓸해 보이기도 해서, 나는 어젯밤의 교감을 상기시키는 부드러운 눈빛을 하고 다가갔다. '간밤에 편히 좀 주무셨습니까?' 하고 물으며.

한데 이게 웬일이람. 고상한 스핑크스처럼 앉아 있던 녀석이 별안간 화들짝 놀라며 달아났다. 구석에 웅크리고 숨어, 털끝 하나 닿기 싫은 표정을 했다. 순 제멋대로다. 어제는 그렇게 친한 척을 해놓고서 사람 무안하게.

어쩌면 고양이는 매일 아침 햇살에 초기화되는 삶을 사는 걸까, 묘생이란 그런 걸까. 내가 멀리서 멋쩍어하고 서 있자, 녀석이 새초롬한 금빛 눈을 깜박이며 경고했다.

'이봐 덩치, 혹시 오해할까 봐 그러는데 우리 관계는 확실히 해두는 게 좋을 것 같아. 어젯밤 나는 순전히 내 필요 때문에 건드리길 허락한 것뿐이야. 이제 다시는 그런 일 없을 거라고……'

고양이로 사는 기분이 어떤 것인지 도통 알 수 없다. 천년만년 부대끼고 산다 해도 모를 것이다. 하지만 나는 곧바로 다가서길 그만뒀는데, 이유야 어떻든 제 딴에 지키고 있는 고결함을 건들지 말아야겠다는 생각에. 이런 걸 보면 녀석은 참 운이 좋다. 적당히 유하고 무던한 나를 만나서.

뭐든 살아 있는 동물을 대하는 데는 노력이 필요하다는 것을 새삼 절감한다. 이보다 훨씬 까다로운 인간에게도 맞춰가며 사는데, 이 정도 자잘한 변덕쯤이야. 보은까지는 바라지도 않으니, 언젠가 먼 훗날 이 고마움을 알아줬으면 좋겠다.

며칠 후, 까칠한 고양이는 또다시 내 방문 앞을 서성거렸다. 쪼르르 다가와 질펀한 궁둥이를 들이밀었다. 역시나 눈도 마주치지 않고, 고귀하고 고상하신 궁둥이로 말했다.

'뭐 해? 어서 토닥이기나 하라고.' 하면서, 씰룩씰룩.

가끔 나는 지킬 앤 하이드와 사는 기분이다.

여행가의 동물수첩

인생에 꼭 한 번,
카피바라와 사막여우에게 말 걸기

초판 1쇄 발행 2025년 8월 4일
초판 2쇄 발행 2025년 10월 24일

지은이 박성호
펴낸이 안지선

편집 신정진
디자인 석윤이
마케팅 타인의취향 김경민, 김나영, 강지민
경영지원 강미연

펴낸곳 (주)몽스북
출판등록 2018년 10월 22일 제2018-000212호
주소 서울시 강남구 학동로4길15 724
이메일 monsbook33@gmail.com

© 박성호, 2025

이 책 내용의 전부 또는 일부를 재사용하려면
출판사와 저자 양측의 서면 동의를 얻어야 합니다.

ISBN 979-11-992299-5-2 03810

mons (주)몽스북은 생활 철학, 미식, 환경, 디자인, 리빙 등 일상의 의미와 라이프스타일의 가치를 담은 창작물을 소개합니다.